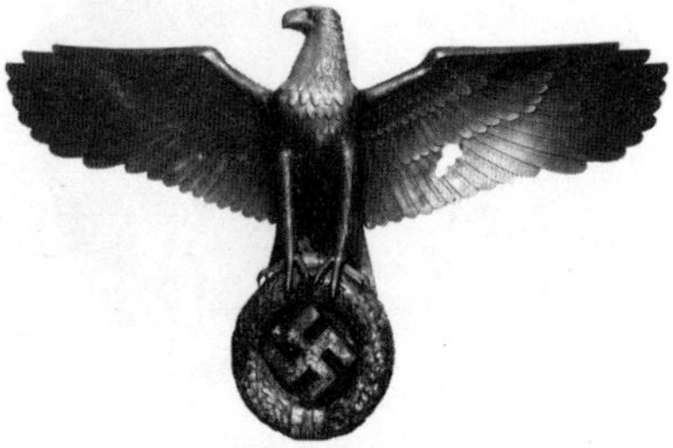

Unsolved Mysteries
of
World Military Affairs

世界军事未解之谜

张立洁　姚晓华/编著

光明日报出版社

前言
preface

军事无疑是人类历史不可或缺的一个重要组成部分。在世界军事史上，许许多多的关键细节已因年代久远或资料缺乏或是某种其他原因而湮没于往昔沧桑的岁月；而诸多军事史上的玄机往往正隐藏在这些消失的细节中，譬如：希特勒是否制造了原子弹、李自成兵败后流落何处、川岛芳子死刑真相、抗倭名将胡宗宪因何被历史遗忘、"24拐"公路神秘消失、风流女谍玛塔·哈里被捕真相、两千国民党大兵在南京山区神秘失踪、远征安息的古罗马军团去向不明……这些扑朔迷离的军事疑案极富传奇与神秘色彩，并为历史披上了一层光怪陆离的外衣，它们所散发的神秘魅力，像磁石般吸引着人们好奇的目光，并刺激人们探索其真相的强烈兴趣。在对种种军事谜题进行解析和破译的过程中，人们不仅能获得知识上的收益，更可以得到愉快的精神体验。

《世界军事未解之谜》是一本融知识性和趣味性为一体的读物，作为"彩色未解之谜"系列丛书中的一种，编者认真选取了人类历史上影响最大、最有研究价值和最被广泛关注的谜题，参考了大量历史文献、考古资料，并研究最新解密的军事档案以及诸多当事人的回忆录，通过严肃而科学的分析论证，力争给读者提供这些军事谜题最权威、最丰富、最全面的信息，并对部分谜题进行客观、科学的研究，最终做出令人信服的结论。

全书分为"玄秘的军队谜题"、"迷离的军人悬案"、"苍茫的战争迷雾"、"难解的死亡谜团"、"诡异的谍海惊涛"、"迷失的历史真相"6个部分,选用300余幅精美的插图配入其中,包括有关当事人的肖像照片、多种军事武器照片、军事史上的精彩瞬间、难得一见的间谍器材、大量有证据意味的实物照片、历史遗迹等。通过新颖的版式设计将这些弥足珍贵的图片与文字叙述有机融合,充满时空场景感,让读者获得最直观、最具震撼力的视觉冲击,并为读者提供了无限的想象空间和广阔的文化视野。

　　本书对军事未解之谜的探索,史料与实物并举,使众多富有传奇色彩的军事谜题掀开其神秘面纱,给读者一窥真相的阅读快感。在这种严肃而充满趣味的探索中,不但披露了大量鲜为人知的细节,再现了历史的丰富与变幻,同时让读者从中获得思考与发现的乐趣。

Contents

目录

玄秘的军队谜题

迷离的军人悬案

苍茫的战争迷雾

难解的死亡谜团

诡异的谍海惊涛

迷失的历史真相

扫码获取
更多资源

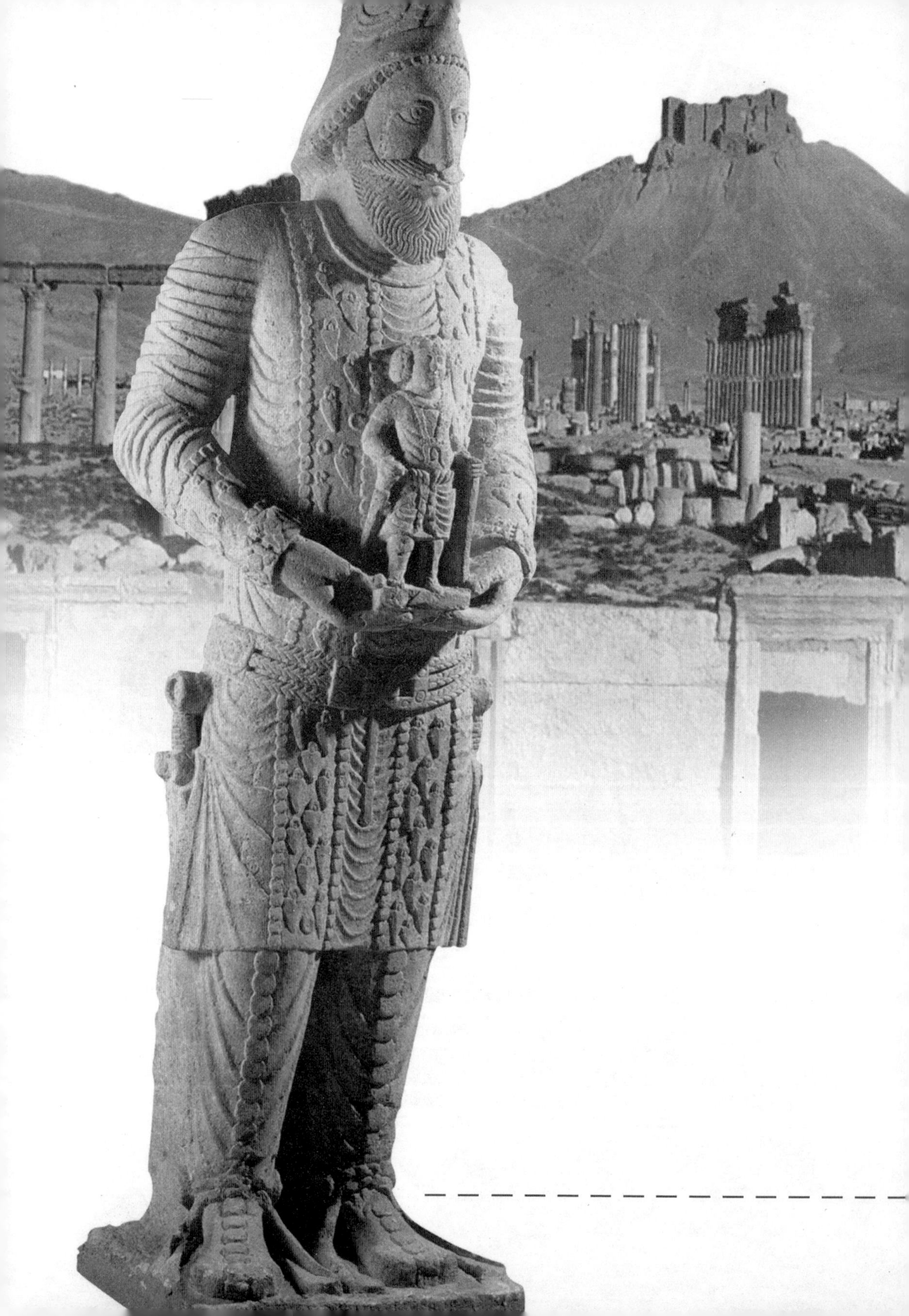

玄秘的军队谜题

XuanMiDe

JunDuiMiTi

古罗马军团

为何能横行欧亚?

公元前 6 世纪末起，罗马人赶走了伊鲁特人，成立罗马人自己的国家，后来，欧洲以至西亚和北非地区的格局都因罗马帝国的崛起而发生了变化。这一影响当时世界格局的帝国拥有一支十分强大的部队，这支军队在最初仍然继续使用他们的统治者伊特鲁里亚人曾经用过的希腊风格的重甲方阵。重甲方阵是由用圆形盾牌和投矛武装起来的重甲步兵组成，此后不久，他们就开始着手建立他们现代化的部队。

伊特鲁里亚逐渐衰落后，在与拉丁同盟和意大利半岛其他部族继续进行的战争中，重甲方阵的内在局限性日益暴露出来。意大利的地势凹凸不平，这对于那个庞然大物的调遣来说极为困难，而且它的侧翼常常会被毫无约束、没有固定战争风格的部族士兵所攻击。所以，公元前 4 世纪初，更为灵活的军事组织——军团逐渐取代了方阵。而成为新的战争方式。军团的人数视条件而定，但它主要战术结构保持不变。步兵根据年龄和经验排成了列。第 1 列称"哈斯塔迪"；第 2 列是"普林斯朴斯"，他们一般是年龄稍长、大约 30 岁左右、服役 7 年的士兵；最后一列"特瑞阿瑞"是久经沙场的老兵，他们的老练和成熟有助于鼓舞士气。

只有第 3 列久经沙场的士兵使用长矛，第 1、2 列士兵使用重标枪，又称"皮鲁姆"，长大约 2.075 米，软铁头和矛柄中间有细细

M 罗马军队战斗浮雕

M 胜利女神雕像

罗马帝国的皇帝在庆祝战役胜利时，常常将胜利女神放在战车上。

的一段连接。枪尖在用力过猛时就会弯曲，枪头也常常折断，因而无法再次使用。此外，矛头也往往能够嵌入到敌人的盾牌和盔甲中，令对手行动不便。第1列队伍在投掷完他们的标枪之后，就立刻挥剑冲入敌阵，近身肉搏。如果第1轮进攻失利，幸存者就会马上退向第2队列，由第2列接着发动更为猛烈的进攻，如果两次进攻都不幸失败了，幸存者将会退到第3列的后部，第3列就会收缩队形，举起长矛，提供一道安全的屏障保护部队安全撤退。

可以说，人力的优势、灵活的战术和特殊用途的武器对他们的战绩做出了很大贡献。但是所有的因素中，罗马所依靠的最大的力量是军团将士的素质和忠诚。正像公元前200年希腊将领色诺芬回忆他的军队时所说，当他们面对敌人的武器和战马时，总是表现得极为沉稳，"这样的人在战场上无往而不胜"。

后来，军团的主要战斗武器是西班牙剑，估计可能是由在西班牙与迦太基人作战的军队带回意大利的。西班牙剑是宽身利刃剑，长约70厘米，主要为刺东西而设计，这也是令敌人恐惧的一件武器。

公元前197年，罗马人在色萨力的锡诺赛佛拉打败了菲利浦五世的马其顿方阵，从而显示出了一种新的迹象：一个以新的方式指导战争的、新的大帝国正在崛起。

战术结构的优越性，是必须在实战中才能得以验证的。当时军队的作战方式受希腊风格重甲方阵影响较大，古罗马军团的战术结构的发明者是谁？他又以怎样的军事理论或政治手段使古罗马朝廷接受了新的作战方式？由于古罗马时代距今时间久远，又缺乏翔实的资料记载，所以至今都是一个未解之谜。

世界军事未解之谜

M 罗马士兵胸甲

古罗马失踪军团

惊现甘肃小山村

甘肃省永昌县城南 10 公里处的者来寨村,中国西汉元帝时期在这里设置"骊靬"城,用来安置古罗马帝国降人。人们也许会问,古代中国从未和罗马帝国交战,罗马降人从何而来?这是一件历史悬案,为揭开世界上这一桩重大历史悬案,史学家们为此而苦苦探索,萦绕在人类史上近 2000 年。

公元前 53 年,发生的一场惨烈的古代战争是这一历史悬案的发源之处,当时正是中国西汉甘露元年。罗马帝国当时的执政官名叫克拉苏,他纠集了 7 个军团,大约 4.5 万人的兵力,发动了对安息(今伊朗)的侵略战争。然而,让不可一世的罗马军队没想到的是,在一个叫作卡尔莱的地方,他们出人意料地遭到安息军队的围歼,首领克拉苏竟然被俘斩首。最后,其第一军团首领、克拉苏的长子普布利乌斯,率领6000 余众拼死突围。

事情过去 30 多年后,公元前 20 年,古罗马帝国和安息签约言和。此后,很自然的罗马帝国要求安息遣返 33 年前在卡尔莱战役中被俘虏的军人,并希望寻找当年突围出去的普布利乌斯的下落。可是,普布利乌斯及其所率突围残部,已在安息消失得无影无踪。这一疑团一直困惑着罗马乃至全世界的历史学家。罗马溃军到底去了什么地方?

20 世纪 40 年代,一位名叫德效谦的英国著名汉学家对这一课题做过大量工作,引

M 西汉与匈奴的漠北之战

绘的这种构筑"重木城"防御工事和用圆形盾牌连成鱼鳞形状的防御阵式，正是古罗马军队最典型的阵式。由此，史学家们推断，这支奇特的军队，很可能就是卡尔莱战役中突围失踪17年的罗马军队的残部。

《汉书》上说，陈汤率领的汉军攻克"重木城"，以"生虏百四十五人，降虏千余人"而告胜。西汉王朝军队在这次郅支战役中大捷。依据这一重要史料，学者们逐渐拨开了历史迷雾，理清了那支古罗马军队残部的踪迹，即普布利乌斯率领的逃亡大军，在安息军队围追、封锁而回国无路的情况下，辗转安息高原，寻找东进的机会，终于在防御松懈的安息东部防线，撕开一道口子，逃奔到中亚，后又投奔郅支，最后被陈汤收降，带回了中国。汉元帝为此下诏将他们安置在番禾县南的照面山下（今永昌县），并置县骊靬。直到公元592年，鉴于骊靬人已和汉族人融合，隋文帝下诏将骊靬县并入番禾县。至此，骊靬建县共612年。中国的骊靬人就这样在历史的风雨沧桑中悄然消失。

起了人们的注意，于是，找到了德效谦于1947年撰写的《古代中国之骊靬城》一文。该文开宗明义：中国古代称罗马帝国为"骊靬"，后又改称"大秦"，《后汉书·大秦传》就是以"大秦国一名犁霸"这句话起首的。文章接着指出中国古代以外国国名命名的城，当时只有新疆的库车和温宿，它们都是袭用移民的旧称。"骊靬"城的出现应该也与有外国侨民有一定关系。作者进而引用了不少史料进行说明，公元前20年是有记载以来骊靬城最早出现在中国西汉的版图上，这一时间点正好与罗马帝国向安息要求遣返战俘的时间相统一。如果说这是历史的巧合似乎不大可能。这一发现指向了一个猜测：在卡尔莱战役中突围的罗马远征军，正当其故国寻觅他们的时候，他们却早已鬼差神使地到了中国，并在祁连山下落脚了。

根据那篇文章提供的历史线索，中外学者又查阅了大量相关史书，终于从班固所著《汉书·陈汤传》中获得重要启示。据此书记载，西汉西域都护甘延寿和副校尉陈汤，带领4万多名将士讨伐郅支单于，战于郅支城（今哈萨克斯坦江布尔城）时，在这里见到了一支奇特的军队，那时正好是公元前36年。"土城外有重木城"拱卫，其"步兵百余人，夹门鱼鳞阵，讲习用兵"。而书中描

至此，公元前53年，罗马帝国大军入侵伊朗，遭伊朗军队围歼，6000余罗马军队突围，逃至现今的哈萨克斯坦，后为西汉陈汤收降，带回中国，安置在永昌县。这一完整的历史链条已经摆在了人们面前。那么究竟历史的真相是否像历史学家们拼凑出的一样呢？随着更多翔实史料的逐渐发掘，相信这一谜团还会有更新的结论呈现。

Ⓜ 安息王国的象牙质角状杯

世界军事未解之谜

蒙古铁骑

灰飞烟灭之谜

成吉思汗名铁木真，出生于蒙古部落贵族家庭。父亲是乞颜部首领，遭人暗算早逝。铁木真9岁丧父，随部落成员四处流浪，母亲带铁木真兄弟谋生，日子十分艰辛。但是生活逆境磨炼了铁木真的顽强意志和不屈性格，使他逐渐成为一位智勇双全、胸怀大志的蒙古青年。他有野心要做全蒙古的大汗，让整个大草原服从自己的指令。他开始收罗

蒙古铁骑曾经横扫欧亚，不可一世。一部元史，实际上也是一部征战史。蒙古族起源于额尔古纳河一带，唐时称为"蒙兀室韦"，起初以狩猎为生，后来发展为游牧民族。12世纪时，在中国长城以北蒙古高原地区，西起阿尔泰山，东至大兴安岭，蒙古人的游牧部落到处都有。蒙古部落首领为"汗"，贵族称为"那颜"。他们养有专职战斗的亲兵，称为"那可儿"。每个游牧单位称为"古列延"，意思是"圆形"。他们居住在毡帐里，逐水草迁徙，每到一地便将毡帐支起，位于中央的是首领的毡帐，众多毡帐围成圆形，称为"古列延"。各部落之间由于争夺水草、牧场时常发生战争。12世纪后期至13世纪初，成吉思汗经过约20年的战争统一了蒙古高原。

父亲旧部，与草原英雄勇士结交，组建自己的武装队伍，准备大展宏图，统一蒙古。他首先依附克烈部的王罕，与王罕联合将扎木合击败，接着又打败王罕独立，征服另一强敌乃蛮部，逐渐统一了蒙古各部。

1206年，蒙古各部贵族首脑云集斡难河（今鄂嫩河）召开大会，共同推举铁木真为全蒙古大汗。在大会上，30多岁的铁木真在欢呼声中荣登大汗宝座。巫师向他传达天意说："地上各部已经为你征服，土地归你所有，人畜归你所有，你乃诸王之王，普天下之汗，上天旨意，你要号称'成吉思汗'。""成吉思汗"意为"大海"，即拥有四海的大汗，也就是所谓的"自东向西，上天皆以付我"。新生的蒙古帝国疆域东自兴安岭，西至阿尔泰山，南达阴山山脉，北连贝加尔湖。

蒙古汗国建立后，成吉思汗将原来的部落单位打破，将各部牧民重新编制，统一划分为万户、千户、百户，各设长官，由原来的部落氏族首领担任，称万户长、千户长、百户长，官员实行世袭制。各编户单位既是行政组织，也是军事组织，平时放牧，战时出征，兵牧合一，全民皆兵。除设立庞大的牧民武装外，成吉思汗帐下另设万人近卫军，称为"怯薛"，是大汗直接统领的王牌精锐

M **蒙古兵押送战俘图 波斯 拉施特丁**

这幅具有西域特色的古画，描绘了蒙古军队在西征中，用木枷押送战俘的场面。该画是波斯史学家拉施特丁《史集》中的插图，现收藏于德国柏林。

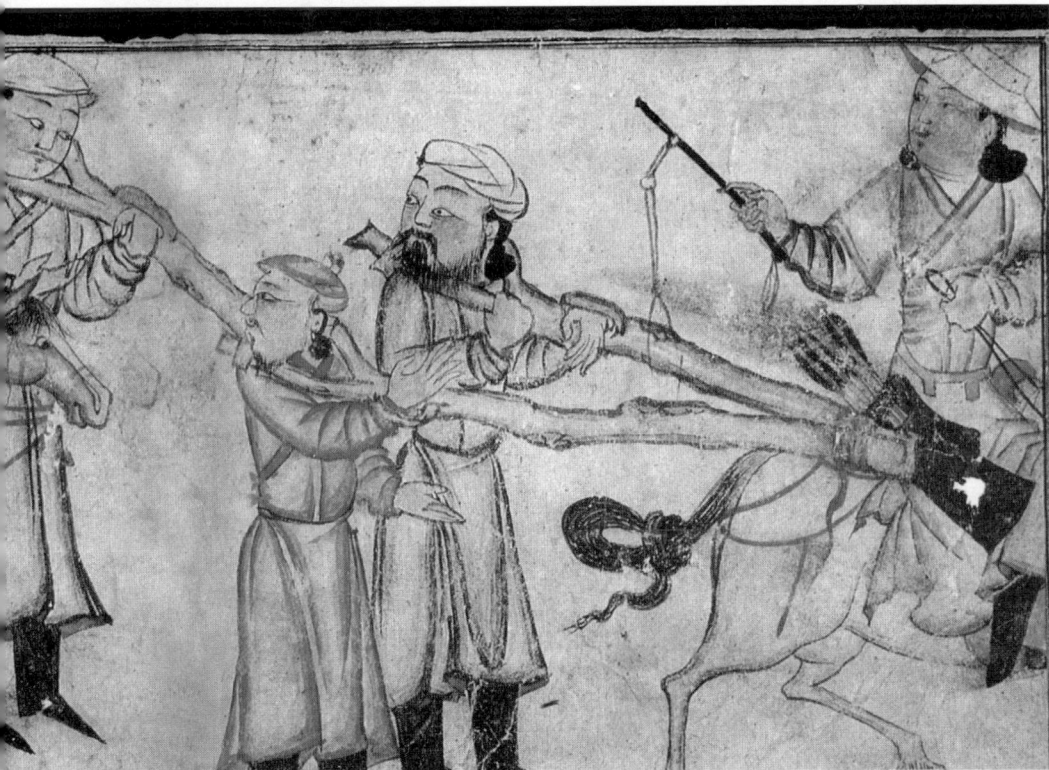

世界军事未解之谜

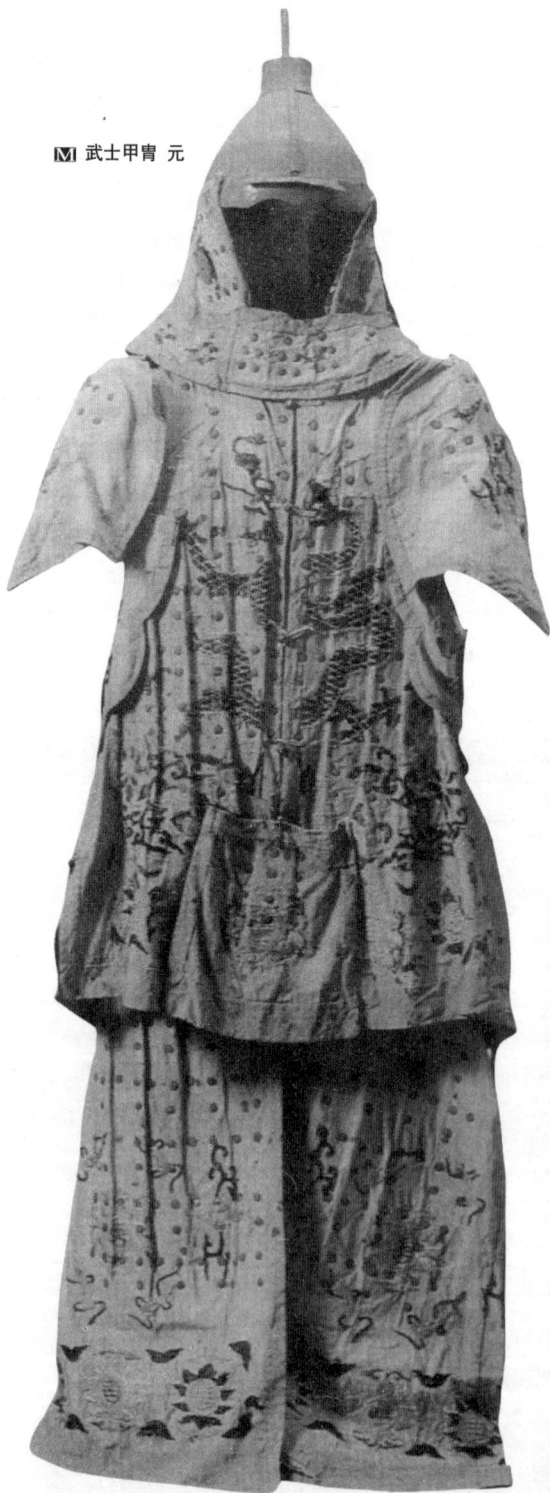

之师，也是蒙古对外作战的中坚力量。成吉思汗还颁布了名为"札撒"的蒙古法典，设断事官断狱，并借用维吾尔字母拼写蒙古语，开始创制蒙文，用蒙文记录事务。蒙古汗国在成吉思汗手里成为组织健全、兵力强盛的游牧国家。此后，又经过70多年的大规模战争，统一四海，建立了一个大元朝帝国。

连续数十年的征服战争，使元朝的版图较之前朝大大扩展。东北的辽阳行省，领土至库页岛、鄂霍次克海；北部的岭北行省，领土已远跨北极圈，顶端至拉普帖夫海；西部的察合台后王封地，远至原苏联、阿富汗境内的阿母河流域；南部云南行省，领土至今泰国境内；西南则到西藏；东南则濒临东海，横跨欧亚两洲，建立起世界上规模空前的宏伟帝国。

元帝国为何形成了一个分裂局面？事实上，从一开始元帝国就未统一。至于原因，要从成吉思汗时期说起。成吉思汗生前曾把蒙古军征服地区分封给4个儿子，后来随着征服区日益扩张而形成四大封国，又称四大汗国：窝阔台汗国辖蒙古西部地区，察合台汗国辖今新疆及中亚地区，伊儿汗国辖伊朗、阿富汗、西亚等地，钦察汗国辖俄罗斯与西伯利亚西部地区。四大汗国受蒙古大汗的册封，名义上属于蒙古汗国的封地。蒙古建"元"后，连四大汗国在内，元帝国实际上成了独立的5个国家。

另外，元帝国始终处在阶级矛盾、民族矛盾、政权内部矛盾的紧张状态中，没有能够建立起稳定的政治统治。再加上连年征战，尤其是那些对外征服扩张战争不得民心，必然激起当地人民的反抗。一代帝国，也就这样灰飞烟灭了。

Ⓜ 武士甲胄 元

谁 埋葬了

北洋水师？

众所周知，日本的联合舰队打败了北洋水师，慈禧太后挪用海军经费造船舫，致使邓世昌的炮弹打不响！北洋水师就此销声匿迹。似乎事情很简单明了，没有任何疑问。可是，《军人生来为战胜》的作者金一南却发出了质问的声音：史实证明，无论是经费还是硬件装备，北洋水师一点不比日本的联合舰队差，为什么却打了败仗，彻底消失了呢？

以往的说法往往把矛头指向动用了海军经费的慈禧和清政府，但是有学者对此进行了仔细的考察，做出了如下结论：北洋水师从1861年筹建到1888年成军27年间，清政府一共投入海军经费1亿两白银，年平均

300万两。日本政府从1868年到1894年26年间共向海军拨款9亿日元，折合成白银才6000万两，每年合计白银230万两，日本政府的总投入只是同期清政府投入的60%！

就硬件装备方面，北洋舰队的装甲数量和质量都超过了日本联合舰队。铁甲舰方面，北洋水师与联合舰队的数量比是6：1，中国遥遥领先；非铁甲舰方面，8：9，日本略胜一筹。定远号、镇远号的护甲厚14寸，即使是经远号、来远号的护甲厚也达9.5寸。日本方面，即使威力最大的"三景"号舰，也缺乏北洋舰队这样较大规模的装甲防护。而北洋舰队的定远、镇远两艘铁甲舰综合了英国"英伟勒息白"号和德国"萨克森"号

世界军事未解之谜

Ⅿ "济远"号后主炮　清

17

Ⓜ 北洋水军提督署原址　清

铁甲舰的长处设计而成，各装 12 英寸大炮 4 门，装甲厚度达 14 寸，堪称当时亚洲最令人生畏的铁甲堡式铁甲军舰，在世界也处于领先水平。就火炮而言，无论大口径火炮，还是小口径火炮，北洋舰队均占优势。200 毫米以上大口径的火炮，北洋舰队与联合舰队的比例是 26∶11，中国遥遥领先；小口径火炮方面，北洋舰队与联合舰队的比例是 92∶50。只有中口径火炮方面，日本稍稍领先，中日比例是 141∶209。就平均船速说，日舰每小时比中国舰快 1.44 节，优势似乎不像人们形容得那么大。清政府正是基于这种力量对比，才毅然对日宣战。

然而就是在这样的前提条件下，庞大的北洋舰队全军覆没，日本联合舰队却一艘未沉。巨额军饷堆砌起来的一流的海军不经一战，原因何在？到底是谁埋葬了北洋舰队？

随着满族中央政权的衰弱，汉族官僚李鸿章等人纷纷崛起。清政府没落的专制体制，由此而产生的腐败政治，进而在军队中形成了不良风气：置民族国家利益于不顾，

曲意取宠，一味迎合，追逐个人利益。久而久之，国家民族和军队的事情就蜕变成为个人获取利益的幌子招牌。以李鸿章为首的洋务派兴局厂、练新军，轰轰烈烈，在相当一部分清朝权贵看来，北洋水师就是李鸿章的个人资本。李鸿章兵权益盛，御敌不足，挟重有余，不可不防。因此，朝臣们为了削弱李鸿章，不惜削弱北洋海军！限制北洋海军就是限制李鸿章，打击北洋海军就是打击李鸿章。总理海军事务大臣奕譞醇亲王欲以海军换取光绪帝的早日亲政，会办海军事务大臣李鸿章则欲借海军重新获得一片政治庇荫。1888 年北洋水师成军以后，军费投资就越来越少。海军只是他们各自政治角逐中的筹码，谁还真正为海军的发展考虑？

此外，多种资料证明，北洋水师 1888 年成军以后，军风被各种习气严重毒化。当时的《北洋海军章程》有规定，总兵以下各官，皆终年住船，不建衙，不建公馆。提督丁汝昌则在海军公所所在地刘公岛盖铺屋，出租给各将领居住，夜间住岸者，一船有半。

而作为高级统帅的李鸿章，也对这种视军纪章程为儿戏的举动，睁一只眼闭一只眼。直到对日宣战前一日他才急电丁汝昌，官兵夜晚住船，不准回家。有备才能无患，而这样的军队如何打仗？

另外，在满清兵部所定《处分则例》中明确规定，官员宿娼者革职。可一旦北洋封冻，海军岁例巡南洋，率淫赌于香港和上海。甚至在北洋舰队最为艰难的威海之战后期，来远、威远被日军鱼雷艇夜袭击沉的那夜，来远号管带邱宝仁、威远号管带林颖启就登岸逐声妓未归。

官员带头，规章制度形同虚设。这样，严明的表面掩盖着的是一盘散沙，全然没有集体凝聚力和战斗力。

等到临战迎敌的时候，北洋舰队首先布阵就陷入混乱。刘步蟾摆的是"一字雁行阵"，而丁汝昌的命令却是各舰分段纵列，摆成掎角鱼贯之阵。等到实际战斗时的队形却又变成了"单行两翼雁行阵"。阵形乱变不说，即使如此勉强的阵形，待日舰绕至背后时，就再也没坚持住，各舰都是各自为战。

战争一开始，敌人尚在有效射距外清兵就慌忙开炮，定远舰刘步蟾指挥首先发炮，非但未击中目标，反而震塌前部搭于主炮上

Ⓜ 北洋舰队旗舰"镇远"号

的飞桥，丁汝昌和英员泰莱皆从桥上摔下受了重伤。这一炮就先让北洋舰队失去了总指挥！命运攸关的4个小时的海战从始至终几乎没有统一指挥！再看刘步蟾、林泰曾二位总兵，竟然无一人挺身而出替代丁汝昌指挥。

除去以上这些原因，有组织、携船艇的大规模逃跑和部分人员不告而别，致使人员减少士气大减。面对这样一个全军崩溃的局面，万般无奈的丁汝昌"乃令诸将候令，同时沉船，诸将不应，汝昌复议命诸舰突围出，亦不奉命。军士露刃挟汝昌，汝昌入舱仰药死"。

官兵"恐取怒日人"而不肯沉船，使镇远、济远、平远等10艘舰船为日海军俘获，显赫一时的北洋舰队就此全军覆灭。

"如大树然，虫蛀入根，观其外特一小孔耳，岂知腹已半腐"。到底是谁埋葬了北洋水师恐怕真的不能简单地归结到某一个原因或某一个人的身上吧？

Ⓜ "致远"舰上的部分官兵

世界军事未解之谜

两千国民党大兵

南京山区神秘消失

抗战初期，南京保卫战中，曾有一个团的中国官兵在南京东南30余里外的青龙山山区神秘失踪，从此再无消息，至今谜团仍然没有解开。

1937年12月初，国民党集中20万军队在南京市周围，参加首都保卫战。但是，由于中国军队只有步枪、机枪、手榴弹及少量迫击炮，而乘胜进攻的日寇装备精良、训练有素，激战中，中国军队损失惨重，尤其是远道赶来参战的川军某师，他们的枪弹多为劣质品，不堪使用，官兵们的血肉之躯根本抵挡不住疯狂的日寇，几乎全军覆没。该师有一个团，因担任阵地侧翼对敌警戒任务，故一直未直接参战。防御战役失利后，为保住有生力量，该团2000多人急行军数十里，向森林茂密的南京东南部青龙山地区撤退。

然而，部队进入绵延十几里青龙山地区后，就再也没有出来，2000多人竟然消失得无影无踪。

攻占南京的日军总指挥部在战事结束后统计侵略战果时，就发现中国守军有一个整团未被歼灭或俘虏，也未放下武器进入城内的由万国红十字会划出的难民区，而是转移走了。但该团似乎又没能突出日寇的两道包围圈。日酋们认为此事蹊跷。重庆国民党作战大本营于1939年统计作战情况时，也注意到这一咄咄怪事。列为"全团失踪"。抗战胜利后，国民党军政部、军令部都派出专人对此作专项调查，但仍查不清楚真相，最终不了了之。

后来有人推测这支部队是不是分散突围出去了，然而仔细分析一下日军当年的战

M 中国军队在战壕中抗击日军进攻

世界军事未解之谜

役态势和兵力部署后判定，他们根本不可能突围成功。当时，中国守军只有邓龙光将军所指挥的93军幸运突围成功，此外再没有任何一支中国守军冲出日军密不透风的封锁圈。退一步说，就是全团突围出去，国民党军队应有一星半点信息。1939年国民党军总部在统计作战情况时，发现了这个全团人马不知下落的奇怪事件，无奈之际，只能将此列为集体失踪案件。

抗战胜利后，国民党军总部曾组成联合调查组，对这一全团失踪悬案进行了专项调查，以期弄清原委，却一无所获，此案最终也不了了之。

此后，这一事件引起了英国媒体的关注，《观察家》杂志把此事与第一次世界大战中两个营的法国步兵在马尔登山地上的神秘失踪事件相提并论，引为20世纪世界军事史上的又一个谜。

古往今来，曾发生了无数失踪事件。可是，像南京青龙山这样整支部队的人员较大规模的集体失踪着实让人费解。半个多世纪以来，人们用常规的思维猜测，这支2000人的部队，可能躲进青龙山区某处一鲜为人知的巨大溶洞，由于某种原因，比如说敌机轰炸震塌了洞口，致使全体人员被困洞内，最终窒息而死；也许，当时这个团为突围逃生而主动化整为零，部分人逃出了封锁圈……

20世纪80年代以来，随着对UFO现象的关注，"外星人劫持说"也逐渐被人们提及。也许在地球之外的某个星球上，存在着比人类更高级的智慧生命。它们驾着飞行器从外太空闯入，经常劫持地球生物，作为它们研究的标本。

可是，许多专家学者在经过了长时间的研究分析之后，认为以上观点完全是无稽之谈，因为到目前为止，还没有找到一丝一毫站得住脚的、能真正证明外星人"光临"过地球的雪泥鸿爪。

此外，还有些人认为，时空隧道实际上就是宇宙中存在着的"反物质世界"。这正反两部分物质，在引力的作用下彼此接近。当双方接近到一定程度时，由此造成的"湮灭"作用又会产生巨大的能量，其巨大的反作用力又会将宇宙中这两大体系分开。据此认定，某些人的失踪正是这种"湮灭"现象造成的。

希特勒**害死过多少**

"孩子敢死队员"？

M 希特勒与纳粹少年

希特勒无疑是一个天才，从他演说时的丰富的形体动作和面部表情就可以知道他是煽动大众情绪的高手。在元首与少年这张貌似和蔼的合影里，希特勒的眼中却透出一丝阴鸷，掩饰不住故作平易背后的凶残和罪恶。

一个模样可爱的小男孩向一个美国兵走去。他很有礼貌地向美国兵问好，问是否可以给他一块巧克力。那个美国兵可能出于习惯，就将手伸进衣兜。这时，小男孩拔出手枪，向美国兵开火。美国兵当场被打死。

这就是在希特勒煽动下的本该纯真活泼的孩子吗？进行少年的"十字军"东征，将他们武装起来，一直是希特勒煽动和利用德国青少年，把他们当作可以利用的政治力量的险恶目的。希特勒在《我的奋斗》一书中这样煽动说："捕食的猛兽啊，眼睛里将再次发射出自由灿烂的光芒。" 于是不计其数的德国青年聚拢到希特勒的旗下。

1944年11月，一份命令所有1929年到1930年出生的男孩参加莱茵河沿线游击战的文件由德国青年团发出。在这一号召下，大批男孩进入了专门的训练基地接受训练。纳粹教官们教他们如何散发传单、切断敌人电话线，如何使用毛瑟枪、机关枪和手雷。这就是新建特殊少年民兵营的主要日常生活。这种军事化的训练使得一些少年在很短的时间内就成为战场上致命的杀手，特别是在1945年的头几个月，一些年龄更小的孩子，有的只有十一二岁，也悄悄地加入训练营，并开始在敌后从事各种破坏和恐怖活动。

为了掩盖身份，少年"敢死队"队员都身着便装，这样不但不会引起美军士兵们的怀疑，而且也容易在衣服里藏手枪、刀子甚至手雷这样的战斗武器。1944年12月底，纳粹的少年"敢死队"开始了疯狂的袭击。

类似文章开头那个小男孩向美军开枪的事件曾发生过很多，以致谈到这些小男孩的袭击时盟军的士兵们不寒而栗。因为这么近的距离，小男孩是不会失手的，一旦碰上几乎是必死无疑。还有些情况，一群少年集体行动，他们埋伏在路边，当美军的运输车队行驶过来的时候就发动袭击。这样的伏击战往往给美军造成很大威胁。有一次在比利时南部，经过几分钟的交火，美军死1人，伤4人。但是，车队继续向前行驶了一段之后又被迫停了下来，因为前面的桥被炸了。

在进攻德国时，美军的推进严重受阻。这种阻力的主要来源就是那些疯狂的少年。他们搜集情报，转换路标，切断电线，撒铁钉，埋地雷，设陷阱，袭击盟军的车队，个个发誓要为他们"伟大的帝国和元首"战斗到最后一个人，要把美国佬全部干掉。少年的游击战成了美军士兵公认的重大威胁，尤其是纳粹的小侦察兵们给美军带来的威胁更大。

这些男孩深受纳粹毒害，为了"元首"，他们不惜献身，这是许多接触过这些狂热少年的美军士兵的最深感受。一名美国军官回忆：一个男孩发射火箭弹差点就把我们的坦克摧毁。等抓住这个小家伙的时候，我被气坏了。他跌倒在草地上，一边哭一边说"我应该为元首而死的"。有类似的事情发生的

Ⓜ 《我的奋斗》是一本极力宣扬种族主义的理论大帝国梦想的著作。盒面上的"ss"标记是希特勒的私人卫队——党卫队的徽标。

时候，许多美军军官把这些小男孩放了，可是一转眼他们又重新加入各种民兵组织，继续为他们的"伟大元首"而战。

20世纪20年代初期德国青少年运动开始发展。到了20世纪30年代，随着德国经济的复苏和军事力量的强大，青少年运动蓬勃发展，声势也越来越大，从最开始的停留在某种喊口号的狂热阶段逐渐向大规模标准军事组织过渡，青少年开始接受纳粹国防军和党卫军严格的军事训练。到1942年，德国有100多万名男孩参加了射击训练，为此还专门建立了少年军训营。他们都在军训营里经历了基本的步兵科目训练，出去后主要承担空袭报警、向导和救火的任务。1943年时，他们走上了高射炮手或者装填手的岗位。这时女孩子们也加入进来。1944年6月盟军在诺曼底登陆之后，少年自卫队在纳粹总参谋长赫尔穆特·墨克尔（Helmut

Ⓜ 希特勒检阅纳粹军队

M 为了促进纳粹军国主义思想在德国儿童中间传播，20世纪30年代，高6厘米的玩偶士兵的产量达到数百万个。

Mockel)建议下组建起来，以纳粹"少年英雄"赫伯特·诺库斯(Herben Norkus)的名字命名，其任务是打击国内的投降派，并在德国边界开展游击战、恐怖暗杀和侦察活动。

1945年4月，希特勒大势已去，但是这些少年"敢死队"却不甘心失败的命运。他们根本不考虑希特勒即将灭亡的事实，继续在盟军经过的主要道路上设陷阱，在盟军可能入住的大型建筑物里埋地雷，只要有机会，不论何时何地，他们都会向盟军发起袭击。在被盟军围困的城市和乡村里，他们在墙壁和电线杆上张贴标语，扬言如有投降者，格杀勿论。他们还把那些盼望战争快点停止的人当作投降派，绑起来毒打，甚至杀害。

有一次，在奥尔登堡附近，一伙少年突袭了英国的车队。当时16岁的赫尔穆特·皮斯特拉也在其中。后来他回忆道："我们躲的时间太长了，食物和弹药都快用光了，许多人都快顶不住了。但是敌人来了，我们毫不犹豫地冲上去。唯一的反坦克火箭筒交

到我们的头儿手里。英国车队驶过时，他向其中一辆装甲车开了火，而且他成功地摧毁了那辆装甲车。这时很多人开始拼命地逃跑。但是有几个胆大的仍然在向敌人开火，直到用光他们的弹药。"

1945年5月德国战败，数千名疯狂的激进少年躲进巴伐利亚南部山区，继续抵抗，然而这些少年心中的希望却越来越渺茫。在随后6个月的围困中，美军在这些山区搜捕了大批的少年。至今，盟军的士兵们还对那些疯狂少年的袭击记忆犹新。他们中有些向美军缴械投降，有些还在顽抗。每当他们进入一个村庄或城镇，他们常常会遭到这些少年的伏击。这些孩子比那些成年人更危险、更狂热、更愿意为了他们的"元首"献身。然而随着纳粹帝国的土崩瓦解，希特勒的少年"敢死队"组织最终也走向了灭亡，究竟有多少少年牺牲在希特勒的蛊惑之中，至今既没有准确的统计数据，也没有幸存下来的人站出来说明什么，一切都已经尘封在历史的长河之中。

美国 "老虎部队"

越战期间犯了什么滔天大罪？

1967年7月，代号为"老虎部队"的美国陆军部队一个排共45人空降到越南的一个小山村。落地伊始，这些美国兵就开始了大屠杀。无论男女老少，只要看到人，他们就开枪。一位老兵回忆道："无论他们跑还是不跑，都会有子弹向他们飞去。"这一骇人听闻的隐秘罪行正是包括美国全国广播公司、英国路透社、英国《独立报》在内的多家西方权威媒体集中报道的有关美军在越南战争期间犯下的一宗大屠杀案。

事隔30多年后，谁还能重见当时的历史真相，又有什么证据能够彻底封住那些对此提出质疑的人的嘴呢？

美国俄亥俄小报《刀刃报》的一名编辑因为一次很偶然的机会，看到了五角大楼中秘密存档的一份有关美国在越南战争中，曾经屠杀过手无寸铁的居民的调查的绝密文件。报社的编

1972年6月，美军一颗凝固汽油弹投到南越壮庞村所造成的令人惨不忍睹的景象。

世界军事未解之谜

战争间隙的美国大兵们正在"忏悔"，请求上帝减轻自己的罪孽，完毕以后他们再重回战场继续其凶残的杀戮。

委们意识到这样的惊天新闻如果没有确凿翔实的考证，是绝对不能说明问题的，这个即将曝光的惨案将是美军历史上的又一个"米莱大屠杀"（My Lai Massacre）（1968年，由于怀疑越南米莱村村民掩护北方军队，3个排的美军士兵开始了灭绝人性的大屠杀。几个月的婴儿在屠杀中也未能幸免，数百名越南平民惨死。这是美军历史上的一大污点）。于是，他们经过仔细商讨，决定委派数名记者前往越南和美国各州，采访当时的见证人，整个采访过程历时8个月。

经过细致的调查取证，很多证词和证据逐渐将事情呈现出这样一种情形：手无寸铁的村民被无辜枪杀，甚至还有一些士兵用刀将越南人的耳朵、头皮割下来，作为自己的战利品。据说，一个美国兵残忍地将一名越南女护士的头皮完整地切了下来，为的只是给自己的枪做个枪套！调查中，有27名士兵称从越南死者头上切下耳朵在当时是很普遍的现象。还有一些美国兵，把割下来的越南人耳朵串成一个项链，挂在脖子上炫耀。短短数天，至少100人在屠戮中死亡。

当地的一些老人回忆起当年的情景时更是泪流满面，一位七旬老妇人说，当年的那一幕她永远也不会忘记：几名美国大兵对着她的家扫射，就在这突如其来的入侵发生的

几十秒之内，这位老人的丈夫、孩子全都倒在血泊中，只有她在美国大兵的枪下侥幸活下来。另外一位越南老人控诉道："他们对我们这些手无寸铁的人大开杀戒，我们不是士兵，我们不会对他们构成威胁，但是他们根本不管这些！"

对如此惨绝人寰的行径当年的美国大兵是如何描述的呢？

一名"老虎部队"的士兵说："我们过一天算一天，并没有指望活下去。为了生存，我们为所欲为。存活的唯一途径是杀戮，因为你不用担心死人会对你怎么样。"还有两

名当时的老兵这样说："很多美国士兵已经杀红了眼，他们疯狂地把杀人当成一种乐趣。""曾经也有人看不下去，他们甚至举起枪要求战友停止杀戮。可是，'老虎部队'的指挥官却要求这些阻止杀戮的士兵闭上嘴，而且不许对任何人说这些事情。"情况不止于此，还有的说法是，这些士兵没有接受过任何指挥官的命令，他们对当地村民的屠杀完全是自发的。无论是自发的还是执行上级命令，"老虎部队"灭绝人性的犯罪行为似乎已经得到了证实。

既然犯罪事实确凿，法律就应该严惩战犯。这其中有一个名为威廉·凯力的中尉是事件败露后唯一被判刑的当事人。因谋杀了 109 名村民，他在 1971 年被判终身监禁，可是他坐了 3 年牢后即获假释，此后竟然悠

Ⓜ 美国对越发动的"局部战争"使美深陷越南战争的泥潭中。

哉游哉地开始做起钻石生意。

五角大楼的反映似乎说明了他们有意无意地包庇态度。在一次新闻发布会上，美国军方表示：五角大楼不太可能会重新对这起事件进行调查。理由是，美国陆军曾经耗费 4 年半的时间对这支 45 人的部队进行详细调查。已证实有 18 名士兵被确信犯有战争罪行。但是，军方选择的解决方式不是提起指控，而是让这些人退役。

事情的真相究竟如何呢？《刀刃报》手中数千份政府文件，以及超过 100 名"老虎部队"成员和越南平民的采访记录具有极大的参考价值。据说，美国陆军刑事调查指挥部手里也同样掌握有更加详细的调查记录，但是却始终缄默不语，拒绝公开这些资料。然而，尽管事情并未得出公认的结论，但是这并不妨碍一些团体主动要求帮助这些受害者向美国政府索要赔偿的步伐。事情的真相正在逐渐揭开。

世界军事未解之谜

迷离的军人悬案

MiLiDe

JunRenXuanAn

岳母刺字

是否确有其事？

南宋抗金英雄岳飞背刺"尽忠报国"四字，昭示爱国心迹，历来为人称道。但是岳飞背部的字究竟是何人所刺，《宋史》没有详细记载，民间流传有多种版本，一种说法是岳母刺字，激励岳飞报效国家。也有人考证说，岳飞背上刺字乃是宋朝兵制使然。岳飞背上的"尽忠报国"究竟从何而来，历史上仍然是一个未解之谜。

岳飞背上刺有"尽忠报国"，历史上确有其事，很有可能源自岳母鼓励儿子上战场的意愿，但不是岳母亲手所刺。《宋史·岳飞传》有记载，当岳飞入狱之初，秦桧等密议让何铸审讯。岳飞义正词严，力陈抗金军功，爱国何罪之有？并当着何铸面"裂裳以背示铸，有'尽忠报国'四大字，深入肤里"。浩然正气，令何铸汗颜词穷。

北京师范大学历史系教授游彪说，岳飞背上刺有"尽忠报国"四个字，历史上确有其事。但是这几个字究竟是因为什么缘故，在什么时候，由什么人刺的，史书上并没有确切的记载。

清人钱汝雯《宋岳鄂王年谱》卷一云："靖康初始见宋高宗，母涅其背'尽忠报国'。"是说岳飞背上的四个字系"母刺"所为。据考证钱氏撰此年谱，取材于《唐门岳氏宗谱》，此谱成书较晚，材料来源庞杂，不足为凭。 游彪教授也认为，岳母

岳飞像

岳飞（1103～1142），字鹏举，宋相州汤阴（今属河南）人。早年从军，所部军纪严明，英勇善战，称为"岳家军"。绍兴四年（1134），收复襄阳等六郡，任清远军节度使。十年，挥师北伐，连克蔡州、郑州、洛阳等地，取得郾城大捷。高宗于此时连发十二道金牌下令退兵，岳飞被迫班师。十一年夏，受召临安，解除兵权。不久，以"莫须有"罪被杀害。孝宗时追谥"武穆"。宁宗时，追封鄂王。

刺字是民间流传的一个典故，但还是有一些历史依据的。在宋金打仗的时候，岳飞是在现在的山西平定一带当兵，岳飞是一个很忠孝的年轻人，他很担心家里年迈的老母亲，为了安顿好母亲，岳飞就从战场回到了家乡河南的汤阴县。

岳飞的母亲姚氏是一个农家妇女，识字的可能性不大，所以不可能亲手在岳飞背上刺上"尽忠报国"四个字。但极有可能的是，他母亲为了鼓励他放心去战场打仗，请人在

岳飞背上刺的。

关于岳飞背部刺字还有一种说法。岳飞久怀报国之志，曾三次从军抗金杀敌。他于宣和四年(1122年)19岁时第一次应募入伍，背部刺字大约是此时所为，因为北宋末年"刺字为兵"的制度仍在贯彻执行。所以岳飞在背部刺上"尽忠报国"四字明志。

游彪教授对此提出了不同的看法，他认为通过分析宋代的兵制，可以推断岳飞背上的字不是因为他当兵才刺的。

两宋时期，是中国历史上唯一一个国家正规军完全靠募兵的时代。汉唐和元明清都是实行征兵制，所谓征兵就是一种兵役，只要是国家的公民，都要被强行服兵役。 两宋的募兵制则是国家从老百姓中招募士兵，国家出钱雇佣他们。所以宋代的军队都是国家花钱养的雇佣兵，人员来源比较复杂，游民、饥民和犯过法的人都可以应募入伍，这就加大了管理的难度。

从宋太祖赵匡胤开始，为了加强对军队的管理和控制，"刺字为兵"就成了一种规范运作的制度，只要是应募入伍的士兵，都要刺字作为标记。赵匡胤认为应该把兵和民分开，兵民分开控制，有利于国家的稳定，有利于皇帝的统治。南宋人牛弁《曲洧旧闻》也说："艺祖（即宋太祖）平定天下，悉招聚四方无赖不逞之人，刺字以为兵。"据古书零星记载，一般是取"松烟墨"，入管针（类似于管状针头）画字于身，直刺肌肤，涂以药酒即成。

岳飞刺字的内容和部位，都不符合宋代士兵刺字的规定。宋代有两种军队需要刺字，一种是禁军，就是国家的作战部队；一种是厢军，相当于现在的工程兵，国家的大型公共工程，比如修桥铺路等，都是由厢军来完成。禁军和厢军都有各自固定的番号，为了

M 岳王庙

岳王庙位于今浙江杭州。这里原有岳飞的墓，后来增建了岳王庙，庙内大殿的壁上有"精忠报国"四个大字，是岳飞的母亲对他的教诲。

便于识别和管理，士兵刺字的内容基本上都是各自所属部队的番号，不会是其他的内容。这样使得士兵不能随心所欲地流动和逃跑。

还有牢城兵，比如说《水浒传》里面的林冲，他犯罪之后被发配到沧州当兵，这种兵是带有徭役性质的，也会刺上诸如牢城第几指挥之类的标记。

所以游彪教授说，从岳飞背部刺字的内容——"尽忠报国"来分析，不可能是他应募当兵的时候刺上去的。而且刺字的部位也不符合宋代的规定，宋代给士兵刺字叫作黥面，最开始刺在脸上，人为地把士兵和社会普通阶层分开，这对士兵是一种歧视。

宋代是一个重文轻武的社会，武将的社会地位十分低下。文官尤其是进士出身的人，社会地位都很高，武官则受到严重的社会歧视。因为当时就是一个尚文的时代，连军官都受到歧视，更不用说普通的士兵了。当然也不乏开明的士大夫提出自己的看法，认为这种歧视士兵的做法并不太好，希望做一些必要的调整。后来有很多刺字就改刺在手臂、手心、手背或者是虎口上了。而

且给士兵刺字的目的是防止士兵逃跑或者犯法，便于管理和控制，所以才会选择刺在脸上和手心手背这些相对明显的地方。如果像岳飞那样刺在背上，太隐蔽了，根本没有任何标识作用。所以这也说明岳飞背部的"尽忠报国"不符合"刺字为兵"的募兵制度。

现在也有一些关于岳飞的史料记载，把"尽忠报国"写作了"精忠报国"。游彪教授认为这很可能和宋高宗有关系。岳飞在对抗金兵入侵的战斗中，立下了赫赫战功，为了表彰岳飞，当时的皇帝宋高宗御赐了"精忠岳飞"四个字给岳飞，并且让手下人做成了一面写有"精忠岳飞"的旗帜。以后凡是岳飞出征的时候，都会带上这面写有"精忠岳飞"的大旗帜。到了明清以后，"尽忠报国"就变成了"精忠报国"，这实际上是明清人的误解。

游彪教授说，明清时期，把"尽忠报国"变为"精忠报国"，更多的是在宣扬一种帝权，因为"精忠"这两个字是宋高宗御赐的。想要激励当时的老百姓在国家危难的时候，发扬这样一种精忠报国的精神。实际上，在元朝的时候，蒙古人占统治地位，汉人的社会地位相对低下。到了明朝，尽管朱元璋建立起汉人统治的政权，但实际上明朝时期，外患仍然很严重，北方的蒙古势力很强大，所以在这种情况下，需要全体老百姓用这种"精忠报国"的精神来巩固和捍卫汉人的政权。所以"尽忠报国"就慢慢流传成了"精忠报国"。

扫码获取更多资源

抗倭名将胡宗宪

缘何被历史遗忘？

在明嘉靖年间众多的抗倭将领中，要把他们的事迹一一都作个介绍无疑是件很费力的事，比较熟悉的有戚继光、俞大猷，也有历史上出现不是很频繁的朱纨、张经、王忬、卢镗、汤克宽等人。胡宗宪也在抗击倭寇的斗争中有过很大贡献。其中，最突出的功劳便是诱杀倭寇中的中国籍大首领汪直（又作王直）、徐海等人。历史上的胡宗宪，确是一个威风凛凛的伟岸男子，足智多谋且胆略过人，与倭寇作战时，每每身先士卒，冒着炮火羽矢，亲临战阵，指挥作战。虽然在他报捷请功的奏折中常常多有夸大，但与倭寇数十仗，也确实是少挫多胜，是戚继光以前对倭寇最具威胁的人物。

然而，国内有关于胡宗宪的影视作品并不多，且常常是作为严嵩的党羽而以一个无足轻重的角色出现，而且一般也是以一个典型的颟顸官僚的形象出现。为什么多年之后，曾经叱咤风云的人物如今却被人们冷落，被历史遗忘了呢？

Ⅶ 《筹海图编》 明 胡宗宪

世界军事未解之谜

Ⅶ 抗倭图 局部

此图描绘倭寇船侵入浙江沿海、登陆、探查地形、掠夺、放火、百姓避难、明军出战、获胜的全过程。这段是明军与倭寇激战的情况。

胡宗宪，字汝贞，号梅林，安徽龙川人。嘉靖十七年（1538年）进士，初任山东益都县令，在任期内因为精明能干，政绩凸显，可能是在破案方面能力比较突出，声名在外，引起朝廷的注意，而屡获升迁。胡宗宪是个文官，在扳倒张经后，又扳倒张经的继任者杨宜，并取而代之成为兵部侍郎，总督东南军务，统领整个东南的军队，担任起平复倭患的重担。所以在他担任军队统帅指挥作战的时候，就不能再称之为文官了，而是一个将领，又因为他战绩彪炳，所以也不妨称之为"名将"。

赵文华也曾与倭寇作过战，但他被倭寇打得落花流水，溃不成军，还连带着让胡宗宪也吃了一场大败仗。不学无术的赵文华通过虚报战功升为工部尚书，又在老契爹严嵩的帮忙下取代了大臣沈良，兼任右副都御史，提督浙闽军务。赵文华之所以明知倭寇不好理治，还争着揽这个瓷器活，冲着的就是手里有胡宗宪这个金刚钻，他的目标就是私吞

两浙、江淮、闽粤几省所征召的丰厚军饷，于是，他把除征发粮饷以外的所有军务很爽快地交到胡宗宪手上。

至嘉靖年间，江浙一带倭寇泛滥。三十四年宗宪任浙江巡按御史，旋提为总督，总制7省军务抗倭灭寇，并联手时任工部侍郎的赵文华，得到明世宗的重用。胡宗宪召徐渭、沈明臣、茅坤、文徵明为幕僚；以俞大猷、戚继光、卢镗为大将。胡宗宪按察浙江，当时倭寇的主要首领徐海、陈东和麻叶在乍浦一带建立据点，四处抢掠。

胡宗宪对倭寇也并非一味没有章法的剿杀，他曾在外交上作过努力。他请旨朝廷派使臣与日本政府建立联系，约束本国海寇。但此时正是日本传奇英雄信长发动一统诸岛的大内战的时代，因此外交上的措施没起到什么作用。但从日本回来的使臣陈可愿却带来了一个倭寇中国籍首领汪直与其义子毛海峰有意归顺的消息。胡宗宪立即将此事上报，兵部的官僚们对此甚为谨慎，认为汪直希望

明廷开市通贡的要求无异于是对朝廷的要挟，"其奸叵测"，对汪直颇为猜忌，于是，令胡宗宪严加防备，并令转告汪直，要表示诚意，就得先灭了舟山群岛一带诸倭寇的巢穴再说。

汪直等人要求招安做官，以冲州撞府来增加谈判筹码，就很有点当年梁山好汉逼招的味道。其实，如果能处理得好，这是个简单解决倭患的机会。中国历代就有招贼为兵的传统，如宋时的名将杨再兴。许多招降来的反政府武装到后来往往会成为国家支柱，朝廷干臣。但汪直等人要求"开市通贡"，

就很可能是其最终悲剧的根源。

此后，胡宗宪得到兵部授予他的"便宜行事"的权限，便意味着他可以有很大的空间以实施他的对敌计划而不受过多的干涉。胡宗宪在徐海等海寇头子之间制造矛盾、挑起他们自相残杀，利用这一办法，各个击破。胡宗宪以战功获得殊荣，官司至太子太保、兵部尚书，并加少保。

胡宗宪于戎马倥偬中还曾辑著《筹海图编》十三卷，书中收入浙江沿海地形、防务、战具、倭变、战事等情况，内容翔实，记载入《明史》之中。此外，还著有《三巡奏议》、《督抚奏议》、《忠敬堂汇录》等。

万历十七年（1589年）宗宪孙胡灯奏准，御赐葬故里之天马山。谥号襄懋。

众所周知，他因为阿附奸相严嵩的义子——大明朝十大奸臣之一的赵文华，并曾伙同赵文华参与陷害抗倭功臣兵部侍郎张经，冒领张经抗倭的战功，而成为他人生的一个无可原谅的污点，人们称其为奸臣。因此在他活着时名声就不大好，死后更被当作严党的走卒成为士人与百姓眼中的另类，这也许就是他永久地失去与后来的抗倭功臣戚继光、俞大猷等人一起成为受人敬仰的民族英雄的资格的原因之一。

世界军事未解之谜

Ⓜ 明朝乾坤一统海防图局部（福州府部分）

施琅 FM

是叛徒还是忠臣？

　　人们常常遇到这样的疑问：说施琅背叛了明朝难道不是叛徒？他收复了台湾推进了统一中国的步伐怎么不是爱国的功臣呢？

　　施琅（1621～1696年），字尊侯，号琢公，福建晋江人，自幼生长在海边，少年时代从师学剑，武艺超群。清顺治三年（1646年），施琅与其弟施显投奔郑成功，参加了郑成功领导的武装。由于才干超群，没过多久施琅就成为郑成功最为得力的将领。不过，战功卓著的施琅不小心触怒了郑成功，结果父子3人都被扣押起来。后来，施琅用计得以逃脱，但他父亲和弟弟却惨遭杀害。1652年，施琅投降清廷，立志打败郑成功，收回台湾，以报家仇。

　　有学者认为，要评价作为明清之际历史人物的施琅，首先不能站在明朝的立场上，更不能充当明朝的遗老遗少，要客观地认识到清朝是中国历史上的一个重要王朝，满族是中华民族的一个重要成员。在此前提下，对施琅做出评价，就会比较客观，比较接近事实。

M 施琅水师指挥台
　　施琅被康熙帝任命为福建水师提督后，便积极整顿水师，演练军队。这是他当年操练水师的指挥台，位于福建东山县九仙山下。

首先，来看看施琅叛变的大略经过。施琅青年时个性极强，常常与脾性相同的郑成功发生冲突。顺治八年（1651年），施琅因反对郑氏"舍水就陆"的战略方针和强征百姓粮饷的做法，与郑氏产生了尖锐的分歧。次年4月，施琅捕杀了手下一名改投郑成功的清兵曾德，然而曾德原在郑氏军中地位较高，虽一度隶属于施琅部下，无论犯法与否，也无论施琅是否已经解除兵权，施琅都无权擅自将他处斩。于是，郑成功盛怒之下便将施琅及其父施大宣、其弟施显投入牢中。施琅被捕后竟然奇迹般地逃到大陆，藏在副将苏茂家中，并请人从中调停。但郑成功非但不接受调解，反而派人前去刺杀施琅。行刺失败后，郑成功一怒之下于7月间竟把施大宣、施显处斩，将施琅逼上了投清之路。施琅得知消息后，遂死心塌地投靠清朝，一意同郑成功为敌。

施琅降清后任福建水师提督。他之所以力主收复台湾，目的是为了祖国的统一，认识到只有使"四海归一"，才能使"边民无患"。后来，他几经周折，拼力说服清廷不可放弃台湾，最终使清廷下决心在台湾设府建制。施琅为实现统一台湾的理想进行了不懈的努力，他的爱国思想和行动可以从如下三方面加以评价。

第一，清朝平定三藩之乱以后，那时郑氏政权已无恢复明室的可能，只想保住在台湾割据的局面。他们在与清朝的谈判中，多次要求"不剃发，执朝鲜事例"，"称臣纳贡"，"世守台湾"，"照琉球、高丽等外国例，称臣进贡"。他们的这种设想，从主观上看，未必意识到要分裂中国，但客观效果则不堪设想。如果清朝同意郑氏政权的要求，台湾这块自古以来的中国领土，就会在那时从祖

师泉井

据传施琅在平海卫练兵时，饮用水奇缺，施琅在天后宫焚香求神，天后宫前的苦水井中涌出甘泉，可以满足3万士的饮水需求，施琅因此立"师泉"碑于井边。

国分割出去。而那时的康熙正好采纳的是大学士明珠的意见，决定先招抚，招抚不成，再用武力。于是，在遣使与郑氏代表谈判中，做出了很大让步，即郑氏归顺清朝以后，可以在台湾居住，"保境息民"，但郑氏必须成为清朝臣民，台湾必须成为中国领土的一部分。对于这样的让步郑氏政权依然没有同意。不久，郑经病死，郑氏内部彼此争权，政局动荡。这时力主乘胜收复台湾的福建总督姚启圣认为，征台的时机已到，就向康熙帝再次奏请进取台湾，并推荐施琅任福建水师提督。此奏很快得到康熙同意。

从以上史实不难看出，清朝用施琅征台，已不是民族战争的继续，更不是什么明清两个帝国之间的对抗（那时的明朝早已不存在，就连南明诸政权也早已相继结束），而是清朝要么统一台湾，要么允许台湾从中国领土上分割出去。

众所周知，清代奠定了现代中国疆域的基础，使统一的多民族国家得到进一步巩固和发展。施琅正是完成清初统一大业的重要历史人物之一，他在中国历史上的重要作用

世界军事未解之谜

M 施琅故坊石刻

施琅率兵击败郑军，统一台湾，为国家立下丰功伟绩，这是为表彰他而制的石刻。

不言而喻。

第二，清军攻下澎湖以后，有人向施琅进言："公与郑氏三世仇，今郑氏釜中鱼、笼中鸟也，何不急扑灭之以雪前冤？"施琅却说："吾此行上为国、下为民耳。若其衔璧来归，当即赦之，毋苦我父老子弟幸矣！何私之有与？"他还向郑氏手下的人声明，"断不报仇！当日杀吾父兄者已死，与他人不相干。不特台湾人不杀，即郑家肯降，吾亦不杀。今日之事，君事也，吾敢报私怨乎？"施琅的胸怀可见一斑。

第三，收回台湾后，清廷内部发生了一场对台湾的弃留之争。许多大臣对台湾的历史、地理缺乏认识，竟然认为台湾地域狭小，得到了不会增加领土面积，失去了也不会有太大损失，就连康熙皇帝也这么认为。

众大臣中只有少数人主张守而不弃，其中包括施琅。在台湾弃留之争中，施琅挺身而出，力排众议，坚决反对放弃台湾，并奏请朝廷设官兵镇守。为此，他还专门给康熙写了《恭陈台湾弃留疏》，反复陈述台湾的战略地位的重要性，指出台湾是关系到江浙、福建等地的要害所在，如果弃而不守，必将酿成大祸。更可贵的是他高瞻远瞩地指出，如果放弃台湾不守，无论是荷兰人还是叛徒，随时可能乘隙而入，而台湾如果再次被外国侵略者所侵占，那时恐怕后悔都来不及了。在施琅等人的力争下，康熙很快改变了原来的主张，决定对台湾设官治理。

在施琅的故乡福建省晋江市施琅纪念馆中，有这样一副对联："平台千古，复台千古；郑氏一人，施氏一人。"这是对郑成功和施琅功绩客观、完美的写照。至于施琅究竟是叛徒还是忠臣自有后人评说。

石达开 FM

兵败大渡河之谜

M 洪秀全像
金田起义的领袖，如果他心胸开阔，能够顾全大局，不知历史是否会被改写。

石达开在洪秀全领导的太平天国运动中，以其卓越的智慧、高超的军事指挥艺术，在反封建压迫斗争中建立了不可磨灭的功勋。然而，这么一个忠心耿耿的优秀人才，最后的结局却是率军远走，继天京事变后再次导致了太平天国的分裂，自己也在兵败大渡河后为全兵士而引颈就戮。那么石达开究竟为何要出走呢？

究其原因，有人说石达开出走的最根本的原因在于农民领袖洪秀全的不能放弃一己私利而顾全大局。

1856年夏天，太平天国领导集团洪秀全、杨秀清、韦昌辉之间为争夺天国领导权力爆发内讧，史称天京事变。它的发生正值太平

天国运动发展的全盛时期，给太平天国造成极其惨重的损失，断送了军事上的大好形势，破坏了队伍的团结。

天京事变后，在天国首义诸王中，除洪秀全和石达开两人外，死丧殆尽。洪秀全的威望已大大下降，无论从威望、才干来说，石达开确是辅理政务、统帅军队、安抚百姓的理想人物。

作为农民革命领袖的洪秀全，本应从天京事变中吸取教训，以大局为重，做好队伍的团结工作，但是，他为保住自己的帝王位置，任人唯亲，猜忌忠直，终于又发生了逼走天国重要领导人物石达开，造成太平天国力量又一次大分裂的严重事件。

刚经历过刀光剑影的天京事变，谁不盼

M 翼王石达开告涪州城内四民训谕

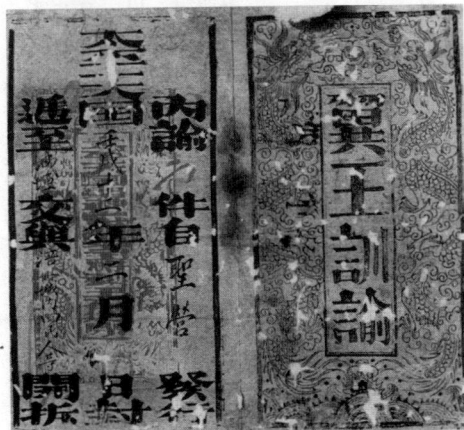

M 石达开远征军遗留在江西的具铭大炮

M 石达开部下留下的双刀

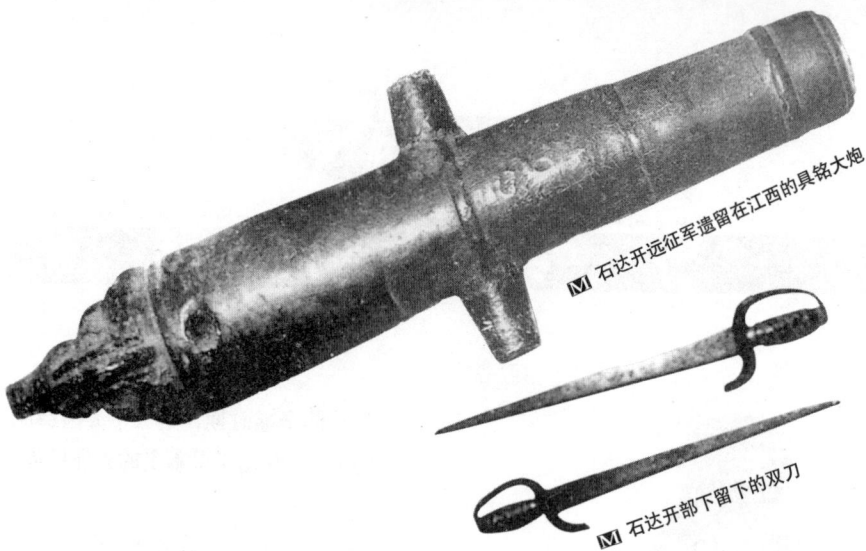

望有一个像石达开这样的人物来辅助国政，稳定局势。况且，在当时严峻的形势下，环视满朝文武，要找一个能力挽狂澜、收拾人心、重振危局的人来，除石达开外，再无他人。因此，从解救燃眉之急考虑，也不得不采取权宜之计，召石达开回京辅政。十一月，石达开带军从宁国经芜湖回到天京，受到天京军民的热烈欢迎，"合朝同举翼王提理政务"，洪秀全亦加封石达开为"电师通军主将义王"，命他提理政务。

石达开回京辅政，是他勇敢抗击韦昌辉滥杀暴行斗争的胜利，对洪秀全曾给他加以"反顾偏心罪"，下诏通缉，以"官丞相，金六百两"的赏金"购其首级"的错误做法，他亦不计较，显示出不计个人恩怨的宽阔胸怀和崇高品德，这就博得天京广大军民的尊敬。因此，石达开回京辅政，是他本人崇高的威望、品格和文武具备的才能为广大军民所信赖和拥戴的结果。

回京后，在他辅政的半年里，政治上安定人心，加强团结，重用人才，甚至连杀害了他全家的韦昌辉的父亲和兄弟都得到保护。他以正义的行为，竭尽全力，把天国从

面临覆亡的危机中挽救过来。

天国的形势稍微有了转机，洪秀全又把斗争的目光转向内部。原来，洪秀全并没有从天京事变中吸取正确的教训，杨秀清独揽大权和逼封万岁的情景不断在他眼前出现，因而他时生疑忌。尤其是眼见石达开辅政，功绩卓著，又见石达开"所部多精壮之士，军力雄厚"，对其兵权的集中更为忌讳，再加上石达开为首义之王，威望极高，这都使洪秀全深为不安，他"时有不乐之心"，日夜思虑，"深恐人占其国"，使洪氏一家一姓的天下失之旦夕。他从维护洪氏集团的统治地位出发，对石达开进行限制、排挤。遂封其长兄洪仁发为"安王"，又封其次兄洪仁达为"福王"，干预国政，以牵制石达开。

洪秀全对安、福二王的封赏，由他自己直接破坏了太平天国前期非金田同谋首义、建有殊勋者不封王爵的规定。在挟制、架空石达开的同时，还要夺取他的兵权，"终疑之，不授以兵事，留城中不使出"，甚至发展到对石达开有"阴图戕害之意"。石达开已然无法施展其聪明才智和匡国辅政的志愿，也对洪秀全及其集团能否继续保持太平天国和

建立统一的"天朝"失去信心和希望，不禁发出"忠而见逼，死且不明"的叹息。

1857年6月2日（咸丰七年五月十一日），石达开离开天京，前往安庆，一路张贴布告，表明"吾当远征报国，待异日功成归林，以表愚忠耳"的原因，从此离京远征，一去不返。

在他出走后短短的时期，广大太平军将士们很快就纷纷离开洪秀全，投奔到他的麾下，很快聚集起了几十万人，成为太平天国最重要的一支军事力量。六年中，他转战江苏、安徽、江西、浙江、福建、湖南、湖北、贵州、广西、云南、四川11个省，除了宝庆桂林两府外，一路都是战无不胜，攻无不克。1860年，他攻克南宁时，手下还有精兵20多万。他计划分兵三路，北上四川，效仿三国时的诸葛亮，占天险之利，退可以守，进可以攻，北与当时纵横中原的捻军紧密配合，东与天京遥相呼应，荡平群妖，夺取全国胜利。不料就在这以后的三年中，形势急转直下，先是20万精兵东归，接着是西征失利，最后竟然全军覆没在大渡河边的紫打地。导致这一悲剧结果的原因到底是什么？特别是大渡河边的全军覆没和翼王的自缚清营请死，实在令人难以理解，找不到任何令人信服的答案。英雄的末路的确令人惋惜，然而百年之后这神秘的谜团依然没有找到一个合理的回答。

🎬 **大渡河**

此处地形险要，是兵家必争的战略要地，石达开兵败于此。后来红军长征中路过大渡河，国民党扬言要毛泽东成为"石达开第二"，可是世易时移，红军不但飞夺泸定桥，更夺取长征的胜利。当毛主席后来写下"大渡桥横铁索寒"的豪迈诗句时，不知他是否想起过石达开？

世界军事未解之谜

外国人

曾经担任太平军上校？

1853 年 3 月 19 日，太平军占领南京，改南京为天京，建立太平天国。清政府为了镇压太平天国革命，与外国反动势力相互勾结。美、英、法三国纷纷组织了洋枪队。清政府借助这些外国军事势力对太平天国将士进行疯狂的杀戮。太平天国面临着抗击中外反动势力的斗争。

在外国侵略者武装干涉太平天国革命的同时，一些外国人也参加了太平军。据史料记载，太平天国的外籍军人有数百人，忠王李秀成手下的洋人志愿军就有 200 人左右。这些人来自欧洲、美洲、澳洲、非洲。来自非洲的战士就有五六十人之多。来自欧美，有姓有名，其事迹可考的共有 13 人，其中英国 5 人，美国 4 人，法国 2 人，意大利 1 人，希腊 1 人。有 6 人在战斗中牺牲，这数字还不包括他们的家属，如英国人棱雷的夫人玛丽。太平天国的领导人称参加革命的外国友人为"洋兄弟"，现代史籍中称之为"洋将"。

洋人的参与，使太平军不再只靠冷兵器作战，西洋武器的使用使得这次大规模的农民起义显得有声有色，十分壮观。

林德利是英国人，1840 年 2 月 3 日出生于伦敦一个普通家庭。1859 年夏，他乘"埃缪"号船来香港，在香港英军司令部当一名海军下级军官。到达香港后的第二年春天，太平天国在天京外围打垮了清朝江南大营，乘胜攻克常州、苏州和浙江的嘉兴，接着向上海进军。这一重大胜利，引起各方面的关注。林德利决定辞去在海军中的职务，找一个不受拘束的自由职业，观察太平天国的情况。他在一艘中国商人的小轮船上当大副，

M 太平天国苏福省所造火炮

船长也是他的一个辞去军职未久的同僚。这艘轮船要航行到上海附近的太平天国统治区收买蚕丝。

1860 年秋，林德利带夫人玛丽驾驶轮船进入太平天国辖境，防守边境的军士们彬彬有礼、严整肃穆的气氛与所见清朝官兵的凶残贪暴大大不同，生气勃勃的革命军给林德利留下了良好的印象。

不久他就大胆地去苏州拜见名震一时的忠王李秀成。那时候，李秀成刚刚从上海受挫回到苏州，听说有一个英国人要见他，李秀成立即答应了，并让他享受最友好的款待。李秀成为林德利介绍了太平天国的情况，通过了解，林德利明白，欧洲社会中所宣传的太平军肆意破坏和杀戮的形象是被歪曲的。从那时起，太平天国革命已经深深打动了他，于是他向李秀成表示愿意加入太平军。李秀成随即颁发给他一个可在太平天国辖区内自由往来的通行证。

1861 年夏，林德利投效太平天国后，就向那些许多拥有欧式大木船、宁波船及其他江船的欧洲人宣传太平天国的宗旨，激发起他们对太平天国的同情，鼓动他们用行动来支持太平天国革命。尽管当时外国侵略者和清朝统治者正在封锁为太平天国购买武器和粮食的人，他还是亲自到了上海。

林德利是一名军人，曾在太平军中带炮队出征，但他更多的时间是为太平天国训练军队。他把自己所知道的铸造炮弹、制造引信和炮位瞄准的全部知识教给荣王廖发寿的部下。

1863 年 5 月，天京雨花台要塞失守，天王急诏李秀成率军赶回浦口。这时候，林德利正奉命协助守卫九洑洲要塞，接到李秀成前来支援的报告后，棱雷立刻把他所率领的船只开过去，为渡江的军队作掩护。

而九洑洲要塞正是保卫天京和浦口两岸交通的关键。清军水师为了控制长江数千里的交通，断绝太平天国接济，集结成千的炮船与太平军展开恶战。眼看九洑洲要塞失陷时，林德利的夫人玛丽和战友埃尔中弹牺牲，他自己也受重伤昏了过去。

林德利伤愈后又潜到上海去捕获敌人战

43

太平军大战湖口

船。林德利仅带着 6 个人，利用自己外国人的身份假装记者登上了清军一艘叫"飞而复来"的轮船，当天夜里，在林德利的策划下，终于把"飞而复来"号开回了太平天国。这艘船，船头架有一门 32 磅旋转炮，船尾架有一门性能良好的 12 磅榴弹炮，船中军火弹药极为充足。太平天国把它定名为"太平"号，由林德利统领。太平军俘获这艘轮船，打乱了敌人进攻苏州的部署，在保卫无锡战役中，发挥了巨大威力。为此，林德利也受到太平军的奖赏。

1863 年 11 月底，林德利和他的战友怀特取道嘉兴去上海。但是，他们抵沪不久，怀特就被英国领事拘捕入狱，以暗助"逆匪"的罪名监禁，入狱后几天他就死在地牢里。而此时清军大肆布置密探，棱雷也无法活动，同时因为积劳成疾，医生劝他转地疗养。最后，林德利决定回英国。

1864 年，棱雷回到英国。但是，他听到的都是英国人把干涉太平天国的侵略战争说成是 "一种对于中国前途显得非常有利的政策"；把屠杀中国人民的刽子手戈登奉为"民族英雄"。在英国人民中造成对太平天国的偏见。于是林德利决定把自己的经历写成一本书，给人们一个太平天国的真实面目。1866 年 2 月 3 日，林德利的新书《太平天国革命亲历记》完成。林德利称，他的《太平天国革命亲历记》是"遵照伟大的太平天国革命领袖的嘱托而写的"，书的扉页上写着："献给太平军总司令忠王李秀成——如果他已去世，本书就作为对他的纪念。"该书出版时，李秀成已被杀害，但林德利对李秀成的尊敬和怀念已跃然纸上。

1872 年 9 月 14 日，林德利和他后来的妻子海伦结婚时，结婚证书上仍然署明自己是："前太平军上校"。1873 年 3 月 29 日，棱雷在他年仅 33 岁的时候，因左心房破裂在伦敦逝世。在死亡登记上，他的职业依然是："前太平军陆军上校"。林德利终生铭记着他与太平天国的关系，作为众多太平天国的"洋兄弟"中的一员，人们将从他身上找到一群人的身影，尽管他们已经淹没在历史的浩瀚烟海之中。

李秀成

投降书是真是假?

M 李秀成像

李秀成(1823～1864),又作李寿成,清广西藤县人。道光二十八年(1848)加入拜上帝会。咸丰元年(1851),参加太平军。太平天国定都天京(今江苏南京)后,历任军师、监军、指挥、检点、地官副丞相。咸丰八年任后军主将。九年,晋封为忠王。同治二年(1863),率军回援天京城固守。天京陷落后,护送幼天王突围被俘。不久,为曾国藩杀害。

"忠王"李秀成,太平天国后期重要的领导人之一,也是太平天国人物评价上争议最大的人物之一。当太平天国的京城被清军攻破后,他不幸被湘军俘虏。被俘后的李秀成一改往日之英勇,竟然在曾国藩的囚笼里写下了长达五六万字的《亲供》,即后人所说的《李秀成自述》。这篇《自述》使李秀成成了一个晚节不保的叛徒,给自己从前十余年无所畏惧的征战历程抹了很大的污点。一个时期,很多人对李秀成进行口诛笔伐。但是很多学者对李秀成投降书的真伪问题提出了质疑,认为这个由清政府宣布的投降书是非常有争议的,而以此书来断言李秀成是晚节不保的叛徒,这显然有失公允。

李秀成真的是叛徒吗?李秀成的投降书是真的吗?

李秀成投降书的原稿在后世一直不为外界所知。当时李秀成被害后,曾国藩命人将他的《自述》删改、誊抄了一份上报军机处,这份誊抄的文本后来由九如堂刊刻,即所谓的"九如堂本"。至于原稿的去处,世传曾国藩既没有上交朝廷,也不肯公开示人,而是私下扣留,他的后人也对此讳莫如深,严加保管,对外人一概保密。当曾国藩的刻本问世后,人们就对其真实性提出了种种怀疑。

有人从根本上否认了这个投降书的真实性。如林德利的《太平天国革命亲历记》一文说:"1852年,在太平军占领南京以前,满清官方即已捏造一篇他们名为《天德供状》的文件,伪托是叛军领袖的供状,谎称他们俘获了这个领袖。《忠王自述》很可能也是同样靠不住的。这篇文件或为某个著名的俘虏所伪造(他可能因此而得赦免),或为两江总督曾国藩的狡猾幕僚所

太平天国忠王府·清

忠王府位于江苏省苏州市，现辟为苏州博物馆。咸丰十年 (1860)，太平军攻克苏州，改拙政园及潘姓、汪姓宅第为忠王李秀成府及苏福省省府。

伪造。"林德利认为李秀成投降书根本就是别人伪造的，甚至李秀成被俘虏一事也可能是伪造的。

1944 年，广西通志馆的吕集义来到湖南湘乡曾国藩的老家，在百般请求下终于在曾家的藏书楼中阅读到了"投降书"的原稿，抄补了 5000 多字，还拍摄了 14 幅照片，之后根据这些文字和原来"九如堂本"的 2.7 万多字出版了《忠王李秀成自述原稿校补本》。罗尔纲先生根据吕氏的校补本和照片进行研究，写出了《忠王李秀成自传原稿笺证》。该书以笔迹、语汇、用词、语气、内容等方面的鉴定作为依据，指出曾国藩后人出示的李秀成《自述》的确是忠王的亲笔。例如，罗尔纲先生一字一句、一笔一画地拿"原稿"和庞际云收藏的李秀成亲笔答词 28 字真迹对照，还征求了笔迹鉴定专家的意见，最后断定"原稿"是真品。从内容看，"原稿"

十分清楚地描述了从金田起义到天京陷落 14 年间的每个过程和细节，这是曾国藩难以捏造的。此外，罗尔纲还指出，"原稿"的称谓大都遵循太平天国的制度，这也不是旁人能够清楚知道的，曾国藩等人也不可能做到自然地遵守。而"原稿"的大量李秀成家乡的方言，更是曾国藩等人无法伪造的。

罗尔纲的这一观点曾一度成为定论，但是，随着曾氏后人所存的"原稿"的出版，更多人看到了李秀成《自述》的全貌。在 20 世纪 80 年代前后，学术界再次掀起了一场论战，如荣孟源曾经两次撰文断定这份"原稿"并不是李秀成的真迹，而是"曾国藩修改后重抄的冒牌货"。他的理由主要包括以下几点：

首先，根据其他史料记载，李秀成的自述一共写了 9 天，每一天若干页。按照常理，全文应该有 8 个间隔，但是今天所见的《李自成自述》"原稿"的影印本文字相连，每天都写到最后一页纸的最后一行字，看不出每天的间隔。何况，既然是每天各交一些，真迹就应该是散页或分装成9本，但是今本却是一本装订好的本子。由此可以推测，所谓的"原稿"显然是曾国藩派人将李秀成每天所写的真迹汇抄在一起的。

其次，根据很多材料的记载，李秀成当时写了5万多字，然而今天的"原稿"影印本却只有36000多字。那少了的1万多字到哪里去了呢？显然应该是被曾国藩撕毁了。既然是被撕毁，那么"原稿"的内容就应该上下不相衔接。可是在影印本中，每页都标有页码，整齐清楚，并且前后内容完全相连，人为的痕迹十分明显，显然是删节后的抄本。

第三，从写作的形式等方面看也有问题。太平天国有严格的书写规定，而"原稿"的影印本中出现的"上帝"、"天王"等词多数并不抬头；一些字该避讳的时候不避讳，不该避讳的时候却避讳了，如凡"清"字均

Ⓜ 忠王李秀成龙袍·清

Ⓜ 李鸿章克复苏州图·清
同治二年 (1863) 十月十九日，李鸿章亲督大军进攻苏州。二十日，娄葑等各门俱被攻下，李秀成带万余人突围，谭绍光拼命死守。二十三日，太平军叛徒汪有为刺死谭绍光，苏州城破。

世界军事未解之谜

不讳，而不该讳的"青"却写成了"菁"等。这些显然都是违背太平天国的避讳制度的。何况，这样的笔误在"原稿"中出现的次数很多，不能简单地看成是笔误。

针对荣孟源的意见，也有人提出反对。陈旭麓认为，我们不可能设想当时的李秀成好像后来的作家一样，有一个每天分节写出的章节安排。至于书写形式，李秀成作为一个成年人早就已经形成了通行的书写习惯，尽管他熟悉太平天国的书写格式，但因疏忽犯讳，并不奇怪。说曾国藩作假也不合情理，他若要作假应该是在上报军机处和刊刻的时候就完成，何必造个假东西当作宝贝传之后代？曾氏后人又何必要将这个显然会招来众议的假东西公之于世？而钱远熔认为这个"原稿"不仅是李秀成的真迹，还是完整无缺的。曾国藩只对它进行了删改，并没有撕毁或是偷换。对钱远熔"完整无缺"的观点，罗尔纲先生虽然不同意，认为"原稿"确实有被曾国藩撕毁的地方，但他仍然坚持"原稿"并不是冒牌货，是李秀成的真迹。

不仅国内学术界对《李秀成自述书》的真伪争论不已，国际上也有很多人予以关注。1978年国际友人路易·艾黎即对此发表了自己的看法："如果像曾国藩这样一个肆无忌惮的卖国贼官吏竟然会不去充分利用被俘的李秀成来进一步达到自己的目的，这是绝对不可思议的。他可以先鼓励李写下他本人的历史，然后再通过他的专家在同样的纸张，以同样的文风，添加上有害于太平天国事业的东西。之后，在显示他本人宽宏大量的同时，对全部东西加以剪裁。"又说："由于自首书是经过篡改的，所以，曾国藩对它的完整性显得异常的神经过敏。他曾命令其家属不得给他人看这份自首书。我曾亲自在上海听见过他的孙子说过这件事。"还有一些国外学者持与此相反的看法，认为今天所见到的《李秀成自述》确实是李秀成亲手写的，等等。

李秀成生前在战场上英勇善战，对后期的太平天国的政治、经济、军事都产生了重大的影响。被后世争论了半个世纪之久的《李秀成自述》的真伪，也许是论断他功过的最好证据吧。世人希望这个谜能赶快解开。

Ⅿ 垓拉马图·清
Ⅿ 燕子矶图·清
　　这两幅图是太平天国忠王府内的彩画，作于咸丰三年(1853)，设色浓艳，颇具功力。

山本五十六 FM

是谁击毙的？

"伊号作战"结束后，山本五十六决定利用一天时间视察巴拉尔、肖特兰和布因等前线基地，以激励士气。让日军想不到的是，有关山本视察的详细日程安排的机密电报不仅被美国截获，而且他们引以为豪的极难破译的五位乱码只用数小时时间就被美军专家破译了，这份电报在无形之中也就成为山本的催命符。这也是美国军事情报领域在无线电破译方面继中途岛战役破译日军作战计划之后的又一辉煌成就。

美国太平洋战区总司令兼太平洋舰队司令切斯特·尼米兹清楚地知道，按照安排山本将进入瓜岛机场起飞的战斗机作战半径，正是干掉他的绝佳机会，如果干掉他，将给日本士气民心沉重打击。因为他不仅是日本海军中最出类拔萃的佼佼者，而且由于他在偷袭珍珠港中的指挥得力，在日本政界和军界成为仅次于天皇和东条英机首相的第三号人物，被日本海军誉为"军神"。可是他没有因为兴奋而得意忘形。因为干掉山本不仅

世界军事未解之谜

M 为激励士气，山本五十六赴前线进行军事视察，图为山本在登机前的例行准备。

仅是军事行动，还牵涉到诸多的政治因素，因此一向谨慎的尼米兹仍不敢轻易拍板，而是请示华盛顿。

美国总统罗斯福在仔细征求了海军部长诺克斯和海军作战部长金海军上将的意见之后，授意可以干掉山本，但是为了维护美国的大国风范，一定要对截获日军情报的事情保密，制造伏击的假象。

驻瓜岛的第339战斗机中队承担了此次任务，4月18日凌晨时分，兰菲尔等6人的攻击组和米歇尔亲自指挥的12人作掩护组出发了，为避开日军雷达，他们必须绕道，选择总共飞行两小时，总航程627千米的方案。18架P—38全部加装了大容量的机腹副油箱，处于超负荷状态，因此飞行员不得不使用襟翼来增加升力，尽管如此，飞机还是几乎要滑行到跑道尽头才离地升空。

远在800千米外的山本也早早起床，准备行装开赴这场死亡之旅。

9时44分，山本以他一贯的守时作风，准点来赴这次死亡之约。几乎是大海捞针一样的长途伏击，竟然成功了！此时山本座机正准备降低高度着陆，突然一架零式战斗机出列，向右急转——远处十多架P—38正向北飞来，随即6架零式急速爬升，与米歇尔的掩护组缠斗起来。在接下去的短短三分钟时间，双方经历了一场你死我活的激战。

此时的卡希利机场上已经尘土飞扬，显然日军飞机正在起飞，中队长米歇尔不敢恋战，下令返航。返航途中，兰菲尔就迫不及待地向瓜岛报告："我打下了山本！"

兰菲尔最后一个着陆，着陆时燃料已经全部消耗干净，他是以滑翔方式落地的，他

M 准备干掉山本五十六的请示报告呈送到罗斯福手中，面对这一牵涉到诸多政治因素的问题，罗斯福迅速做出决断，授意对山本五十六"执行死刑"。

还没爬出座舱，机场的飞行员和地勤人员就一拥而上。作为击毙山本的功臣兰菲尔中尉提前晋升为上尉，并获得最高荣誉国会勋章，但为了不暴露破译密码的机密，兰菲尔被立即送回国，直到战争结束才公开了他的战功。其他参战人员都被警告如果将战斗详情泄露出去，将受到军法审判。

山本座机被击落的两天后，日军搜索小队发现了他，他坐在飞机坐垫上，手握军刀，姿态威严，胸口佩戴着勋章的绶带，肩章上是三颗金质樱花的大将军衔，不用查看其口袋中的笔记本，单从左手缺了两个手指，就明白无误的证明这正是山本五十六。经医护人员检查确定，一颗子弹从颧骨打进从太阳穴穿出，另一颗从后射入穿透左胸，山本在飞机坠毁前就已身亡，之所以还保持着威严的姿态，那是飞机坠地后唯一的幸存者高田军医摆放的，高田最终也因伤势严重又无人救护而亡。

4月18日注定是美国人的纪念日，一年前的1942年4月18日，杜立特尔率领的

B—25轰炸机轰炸了东京，一年后的1943年4月18日，日本海军最出色的统帅山本被击毙。战后，击落了山本座机的话题随着1960年美军相关机密文件获准解密而被再次提起。认定由兰菲尔击落的理由是他在战斗结束后上报的战斗报告，而这份报告当时因出于保密原因一直没有公开，他的战友对此一无所知，一经美国国防部公开，究竟是谁击落山本的问题随之展现。

除了托马斯·兰菲尔的回忆之外，更多的证据显示，兰菲尔的僚机雷克斯·巴伯才是真正击落山本座机的英雄。山本的尸检报告显示，从后方射来的子弹使其致命，与兰菲尔从右攻击的说法出入较大。

Ⓜ 山本之死，对日本而言无疑是重大损失，图为日本为山本五十六举行国葬。

柳谷谦治为山本护航的零式战斗机飞行员中唯一在世者，也指出了兰菲尔报告的诸多疑点。其中最有力的说法是，在低空的两架P—38在双方机群遭遇之后，兰菲尔的飞机向左，迎战零式；巴伯的飞机才是向右紧追山本座机猛烈开火的那一架。如果是兰菲尔击落了零式之后再掉头攻击山本座机的话，时间根本来不及，至少需要40秒，而山本座机从遭到攻击到被击落，不过区区30秒。日本东京航空博物馆在1975年的实地考察也显示，山本座机的两个机翼完好无损，与兰菲尔的报告完全不符，倒是与巴伯从后攻击的说法比较吻合。

以美国"王牌飞行员协会"为首的众多的民间人士和组织，对此进行了细致的研究和不懈的努力，查阅了大量相关资料，在很多专家学者的认可下，于1997年3月认定巴伯一人击落了山本座机。如今生活在俄亥冈州特瑞邦农场的巴伯过着恬静平和的晚年。谈起击落山本的争论，他很平静，"没有兰菲尔左转攻击前来救援的零式，也不可能击落山本。而第339战斗机中队中队长约翰·米歇尔，具体策划并亲自指挥了此次战斗，才是最大的功臣。"

然而，自1991年美国战绩评审委员会正式要求美国海军最后判定到底是谁击落了山本以来，今日美国官方仍没有明确答复。至此，关于击落山本的公案成了永远的谜。

谁是营救墨索里尼的真英雄?

1943年7月24日深夜，意大利法西斯党最高委员会正在召开会议。这个会议对于本尼托·墨索里尼来说，是他作为独裁者生涯中，第一次因为把国家引入灾难而成为猛烈抨击对象，这个夜晚他将终生难忘。会议从一开始就已经注定了结果——委员会最终以19票对8票通过了一项决议：恢复有民主议会的君主立宪制；军队的全部指挥权重新交还给国王。

所有的一切对于墨索里尼还只是个开始，噩梦刚刚上演。第二天，一切如所意料的发生了，墨索里尼被告知他被撤除一切职务，紧接着他被装进一辆救护车，几经周转被押送到了大萨索山。到此，他才如梦方醒似地明白自己成了阶下囚。

然而，事情的发展再次超出了这位纳粹首领的意料之外。希特勒迅速实施了名为"橡树计划"的营救行动，派出一支精锐的突击队，以迅雷不及掩耳之势，制服了意大利宪兵警卫队，用一架小型飞机把墨索里尼救出，创造了营救史上的一大奇迹，他就这么得救了！

回想一下短短的几个月时间所发生的一切，就连墨索里尼这样的人物也会不寒而栗。1940年6月10日，意大利决定站到轴心国一边，对英法宣战是因为见当时的英法联军明显处于劣势，以致到了10月28日时又决定进军希腊，尽管政府和军方大多数人提出过"准备不足"的忠告，终于遭到了希腊军队的顽强抵抗，损失惨重。1941年欲重振国威又出兵苏联，也还是没有取得理想的成果。到了1943年5月成了最关键的时期，突尼斯战役中德国损失30万大军，英美联军占领北非。7月9

Ⓜ 政治投机主义使墨索里尼和希特勒走到一起，结成罗马—柏林轴心。

扫码获取更多资源

日夜，英美联军骗过了希特勒的最高统帅部后在西西里成功登陆，兵锋直指意大利。此时，盟国空军也对意大利本土发动了猛烈轰炸，各地接连发生闹事事件，失败主义情绪笼罩全国。意大利国王埃曼努尔三世对内外局势忧心忡忡。此时，法西斯党内部有人开始指责墨索里尼领导不得力，要解除他的职务。具有代表性的就是陆军总参谋长安布罗西奥将军，他认为要想把意大利从崩溃中拯救出来，只有更换元首。最终，保皇主义者策动的政变发生了。

7月25日夜，身处柏林总理府的希特勒

Ⓜ 墨索里尼进军罗马

听到罗马的消息后震惊异常，但是希特勒很快就又镇静下来，随后的几分钟内他冷静地作出判断，下令立即从德国和法国南部迅速集结一个德国师，由精悍的隆美尔指挥，占领意德边境和意法边境阿尔卑斯山的所有山口，随时准备开进意大利。然而事情到了7月27日又发生了变故，从罗马传来了最新的消息：新任首相的马德里奥宣布解散法西斯党，实行全国戒严，战争结束前禁止一切政治活动。得知这一消息后希特勒惊呆了，因为如果意大利没有法西斯政府，德国军队将面临巨大压力，无人帮助他们保卫那条很长的供应线，帮助他们防止意大利游击队的骚扰。

面对突如其来的情况，希特勒召集纳粹军政要员，迅速通过了"橡树计划"——派突击队营救墨索里尼，使其重掌意大利政权。 接着的问题就是，由谁来担任这史无前例的艰巨任务呢？接下来的紧急的准备时间中，一个身材高大魁梧的人，奥托·斯科尔兹尼进入了希特勒的视线。当时，奥托·斯科尔兹尼与朋友正在开怀畅饮，秘书突然来电说，希特勒正在大本营等着他！必须立即到达。

共有6名军官到达希特勒办公室，希特勒注视了他们一会儿之后，突然提问："谁对意大利比较熟悉？"而唯一回话的人就是最年轻的斯科尔兹尼："我去过意大利两次，驾驶摩托车一直跑到那不勒

▼ 墨索里尼正在听军官汇报战场形势

营救的准备之中了。

1943年9月10日突击队驾驶着12架DFS-230滑翔机迫降在海拔2000多米的大萨索山顶，斯科尔兹尼带领着他的属下们迅速制服了已经目瞪口呆的意大利警卫，随后，斯科尔兹尼看见了旅馆二楼窗子后面正在张望的墨索里尼，整个营救过程结束得非常快，第6号和7号滑翔机刚刚着陆，所有事态都已经平息了。随后，斯科尔兹尼选择使用轻型飞机直接从大萨索山顶载运墨索里尼飞离。最后，还是在斯科尔兹尼的陪同下，墨索里尼安全抵达维也纳。到那儿没多

斯。"希特勒满意地点了点头说，其他的人可以离去。他要单独与斯科尔兹尼上尉谈话。随即，希特勒开门见山地说："有一项极重要的任务要你去执行。墨索里尼被囚禁起来了……我命令你去完成这一项任务，你可以使用任何手段。这么一来，不怕不会成功的。不过，我要再三叮嘱你，那就是保守这项使命的秘密。细节方面，请你和陆军空降部队司令修多登将军当面洽商。"在简要介绍了情况之后，这位35岁的上尉就立即投入到

久，斯科尔兹尼意外地接到希特勒亲自打来的电话，"今天，你完成了一项具有历史意义的行动，元首感谢你！"

时至今日，人们都要把这个大胆而且成功的冒险行动作为研究特种作战的一个范例。斯科尔兹尼被提升为少校，并获得铁十字勋章，经过德国宣传部的极力渲染，斯科尔兹尼成为德国著名的战斗英雄。此后他奉命指挥党卫队特种作战部队和新组建的党卫队第500伞兵营，又成功地完成了制止匈牙

二战结束后，斯科尔兹尼的传奇依然继续着，当隐藏在巴伐利亚山区的他得知盟军正在搜捕他时，他竟然直接去自首，并被指控有罪，但滑稽的是法庭却并不认同，于是，斯科尔兹尼在1948年被无罪释放。一波未平一波又起，紧接着他又被盟军交给西德当局，他再次被指控有罪，这次斯科尔兹尼可不耐烦了，他再次以自己的行动给世人留下了一段谈资，他成功地从关押他的集中营中逃脱，后经意大利到西班牙和阿根廷。在阿根廷，他成了铁腕人物庇隆夫妇的座上宾，于是安然地做起了水泥生意。同时，他还担任起替庇隆培训秘密警察和贴身警卫的任务。据说，斯科尔兹尼还成了奥德萨组织——传说中的纳粹幸存者协会的重要成员，并一直为仍然在欧洲的前纳粹分子提供逃脱追捕的帮助。斯科尔兹尼的后半生在西班牙度过，成为一名机械工程顾问，1975年7月7日，在饱受病痛折磨后死于西班牙马德里的寓所里。

利独裁者霍尔蒂背弃轴心国的"铁拳"行动，阿登反击战中，斯科尔兹尼指挥一个装甲旅，派遣突击队员伪装美军渗入盟军后方大搞破坏，影响极大，以至于丘吉尔称斯科尔兹尼为"欧洲最危险的罪犯"。

Ⓜ 二战中意 P—40 重型坦克

有几个蒙哥马利？

Ⅿ 蒙哥马利元帅

Ⅿ 假扮蒙哥马利的莱尤特仑特
·克里弗顿·詹姆斯

1944年1月14日傍晚，伦敦沉浸在一片战争气氛中，艾森豪威尔走马上任。英国著名战将蒙哥马利任英军地面部队司令。罗斯福和丘吉尔把他们最王牌的干将组成盟军中坚。随时准备横跨英吉利海峡，给德军以毁灭性的打击。

万事俱备，只欠东风。联军指挥部经反复研究，决定把登陆的日期代号定为"Ｄ日"。然而，从什么地方突破？登陆时间选在什么时候？以及登陆的突然性等，都是事关全局和盟军官兵命运的大事，一着不慎，全盘皆输，盟军的战将们深谙此理。

巨幅军用地图前，将军们在苦苦思索：横隔在法国和大不列颠之间的英吉利和多佛尔海峡，总长约560千米，西部宽达220千米，最窄处在东部的加莱，只有33千米宽。登陆点选在什么地方呢？多佛尔海峡深度为36至54米，而英吉利海峡西端深达105米，且风强浪猛，暗礁林立。从地理上看，多佛尔海峡明显占着优势。

然而，兵不厌诈，熟谙海峡地理的艾森豪威尔及其幕僚，却出乎意料地把登陆地点选在法国西北部塞纳海湾的诺曼底地区，横渡英吉利海峡。至于登陆日期，艾森豪威尔认为6月5、6、7日潮水和月色均为适当。"Ｄ日"方案一经敲定，"坚忍"计划随即出笼。英国政府采取了有史以来规模最大，不同寻常的保密安全措施。

不过，精心策划的"坚忍"计划的最得意之作，还要数詹姆斯中尉冒名顶替英国指挥登陆作战的总司令官蒙哥马利元帅。在德国人的眼里，蒙哥马利是英军的象征，只要他不在前线，英军就不可能马上进行登陆作战。其实，德国人的判断没有错，错的是他们错认了"元帅"，把陆军中尉詹姆斯当成了蒙哥马利。

詹姆斯中尉长相酷似蒙哥马利元帅，由于连年征战，使他略显苍老，而这为他扮演"元帅"创造了条件。战前，詹姆斯

Ⓜ "巨人"电子译码器
盟军利用这种机器解开了德军的超级密码。

是一家剧团的职业演员，由于他的天赋，无论扮高层人物还是演黎民百姓，都演得活灵活现。在两名军官的具体指导下，他一遍遍地琢磨报上的蒙哥马利照片和新闻影片中的一举一动。还熟记了"元帅"生活中成千上万的细节，以至连蒙哥马利吃饭时麦片粥要不要放牛奶和糖等都了如指掌。最后，还特意安排詹姆斯到元帅身边生活了几天，进行实地模仿。詹姆斯扮"元帅"特别投入，进步也很快，以至于最后连警卫员也难辨真伪。

5月15日，这位"蒙哥马利元帅"搭乘首相专机开往直布罗陀和阿尔及尔，与此同时，英军故意放风说有可能在法国南部海岸登陆，蒙哥马利元帅去直布罗陀和阿尔及尔的重要使命就是组编英美联军。德国开始半信半疑，派两名高级间谍去侦查，由于詹姆斯的表演逼真，使德国间谍深信不疑。

不仅如此，英国还煞有介事地派人前往中立国去收购加莱海岸的详细地图。盟军又假装将一支兵力达100万人的集团军，驻在英东南沿海一带，佯装准备进攻加莱。其实蒙哥马利的第21集团军，早已秘密地隐伏在英国南部海岸，等候渡海进攻诺曼底了。一系列假象最终骗过了希特勒，他以为盟军

在英国东部已经集结了92个师的兵力，准备在7月份进攻加莱，因此，他把德军最精锐的第15集团军集中在加莱地区，而诺曼底只有一个装甲师驻防。英美盟军以假隐真，迷惑住敌人，终于达到了目的。

詹姆斯主演的这出以假乱真、冒名顶替的好戏，对盟军反攻欧洲大陆发挥了重要作用："蒙哥马利元帅"视察非洲，使德军最高统帅部关于盟军登陆地点本来就很混乱的争执变得更加混乱不堪。于是，德军把防守诺曼底地区的两个坦克师和6个步兵师抽调到加莱地区，大大减少了盟军在诺曼底登陆时的压力。

在诺曼底登陆的前两天，詹姆斯的假冒元帅做到了头。英国情报机关指令他乘飞机抵达开罗，隐姓埋名，直到诺曼底登陆结束为止。对于他在直布罗陀和阿尔及尔的"演出"，英国情报机关给予了极高的评价。据称，局外人士没有一个人怀疑他是蒙哥马利的替身。

詹姆斯在直布罗陀和阿尔及尔之行中，出尽了"元帅"风头，但他也差点惹来杀身之祸。从战后缴获的纳粹文件中得知：柏林在获悉"蒙哥马利元帅"飞赴非洲一线视察的情报后，德军统帅部曾制定了一个计划，要在途中击落"元帅"座机，如截击不成，便立即派出刺客，伺机行刺。在这危急关头，倒是希特勒认为应首先查清是否是蒙哥马利本人，如果确认是元帅本人，首要的目的是弄清他此行的目的，而不是干掉他。希特勒的一念之差，让詹姆斯拣了一条命。

6月6日凌晨，英吉利海峡狂风怒号，波涛汹涌，英国皇家空军轰炸机队1136架

世界军事未解之谜

飞机对塞纳湾德军炮兵阵地投掷了近 6 万吨炸弹。拂晓前，美国陆军第八航空队又出动1083架轰炸机，再次把1763吨炸药倾泻在德军阵地上。尔后，盟军各种飞机，轮番出击，对各个预定目标实施了毁灭性打击。凌晨 6 时 30 分，英军第一批登陆部队踏上塞纳湾海岸，突破了希特勒狂妄吹嘘的"大西洋壁垒"。

正当英军突破防线之时，担负防守任务的德军 B 集团军司令官隆美尔，正在为他夫人生日做准备呢。当他被急电告知"盟军在诺曼底登陆"时，不由大惊失色，一束准备献给妻子的鲜花失落在地毯上……

迟了，一切都迟了。詹姆斯以他成功的冒名顶替为诺曼底登陆成功立下了赫赫奇功。

Ⅲ 艾森豪威尔将军像

Ⅲ 盟军在诺曼底登陆的场面

二战期间老布什
差点被日军杀吃

M 乔治·布什像

二战期间，美国前总统乔治·布什曾经和战友一起驾驶着几架美军轰炸机执行针对日本父岛列岛的轰炸任务，日军开枪将布什等人的飞机击落，机上的美军飞行员被迫跳伞逃生。但是，令人觉得不可思议的是，除了老布什一个人幸运地被美国潜艇救起，另外8名美军飞行员全部被日军俘获，并且对他们进行百般折磨，加以杀害。老布什侥幸逃脱的经历在美国可谓尽人皆知，但是，其他8名和他一起作战的战友究竟如何惨死于日军手下，却是一个保守了近60年的谜。

东京南部700多千米处的海面上坐落着父岛列岛，岛上驻有不少日军官兵。1944年9月2日，作为美国空军飞行员的乔治·布什只有20岁，当飞机被日军击中坠毁时，机上所有人员全部跳伞逃生，但是一个人——布什侥幸获救，另外8个人的遭遇则完全相反，他们全部被父岛列岛上的日军俘获并且受尽了各种折磨。更恐怖的是，其中4人居然被开膛破肚，肝脏和大腿上的肉被凶残的日本兵吃掉了。

空袭失败那天，最先被吃掉的是美军飞机话务员马弗，日军士兵用黑布蒙上他的眼睛，将他捆到一个新挖的坟墓前，然后"砰"的一下用剑把他的头直接砍了下来，顿时鲜血四溅，就在被杀掉的那一刻，马弗没有大声哭喊，而只是发出了一声很轻微的呻吟，就死了。第二天，岛上的日军军官间条决定做顿"人肉宴"，由他和岛上的负责军官严吉雄一起享用。"人肉宴"的烹制是从外科医生寺木对马弗的尸体进行解剖开始的。一名曾经参与解剖的医生在战败后这样描述当时的过程：寺木先用刀切开了他的胸口，然后取出了他的肝。我负责从飞行员的腿上割下了一块肉，还在秤上称了一下。

就在马弗被肢解后，飞行员霍尔也惨遭毒手。间条得意地声称，用尖尖的竹子把霍尔的肝弄碎，然后用水煮，再加酱油、蔬菜，他说把他们的肝脏和大腿肉全部弄碎后再吃对胃有好处。

另外的两名飞行员并没有逃脱厄运，最初岛上的日军军官还让飞行员吉米做了一阵子翻译，数星期后，残暴的日军居然再次想起了"人肉宴"，于是，飞行员吉米和沃伦也被活活杀死了，另外4名美军飞行员虽然没有被吃，但是无一幸存，其中有一人是被日军活活用棒子打死的。

以上的叙述出自美国历史学专家詹姆士·布拉德利的著作《飞行员》，在其书中他率先披露了这一惊天惨闻。据说如今已经退休在家的老布什得知真相时，他的第一反应是不住地摇头，接着是长时间的沉默无语。布拉德利这样说："布什没有太多的震撼或惊恐的反应，毕竟他也是一名老兵，是经历过战火洗礼的一代人。"之后，老布什重返了位于东京南部700多公里的父岛列岛，他甚至十分难过地说："为什么就我一个人活了下来，难道真的是上帝在救我？……其实这么多年了，我一直记得当年那些飞行员战友。"

作为唯一的幸存者，当时乔治·布什也从飞机上跳伞，同大伙一起落在海里。但是，幸运的是布什不仅没被日军俘获，而且遍体无伤、安然无恙地被一艘路过的美国潜艇救起。也许是大难不死必有后福吧，二战结束后，因其在坠毁之前，还准确地摧毁了日军一个关键的无线电台站，布什被授予"卓越飞行十字勋章"（Distinguished Flying Cross）。从那以后，布什更是一路顺风，1948年，他从耶鲁大学毕业，1971年到1972年任美国驻联合国大使，1974年任驻北京联络处主任，1976年接任中央情报局局长，1980年当选为副总统，终于在1988年底当选为第41任美国总统。

据说二战结束后，在关岛对日军进行审判时，日本战犯就已经供认曾经对8名美军飞行员实施过非人迫害，但是当时之所以保密了这些事实是为避免飞行员们的亲属过分难过和悲伤，于是美国政府只公布了他们全部遇害身亡的消息，而被害的所有细节一律被当成了"超级机密"。而布拉德利在着手写书之前是从作为审判的官方目击者，参与当年关岛审判的一名美国律师那里得到了不少手抄的审判资料，才开始有了写书的意向。他拿到的资料虽然零碎，但还是部分地记录了日军曾经供认的罪行，再加上一些日军战犯的一些证词，最终呈现给世人一个布拉德利版本的老布什逃生计。而书中又能够在多大程度上与历史真相重合恐永无定论。

Ｍ 配备先进科技的隐形飞机

隆美尔 FM

真那么神奇吗？

从诸多的军事资料看，德军统帅隆美尔被描绘成一个极为出色的战术家，他所著的《步兵攻击》是二战时许多国家军队的必修书籍。在北非战场上，他曾把英军打得狼狈而逃，辉煌一时。但又有评论说他不是一个好的战略家，而且恰恰就是因为这一点，他才被蒙哥马利打回突尼斯的。那么隆美尔究竟是否可以称得上二战最优秀的陆军将军呢？

曾经有军事评论家评出二战最强悍的5位陆军将军，他们依次是：隆美尔、古德里安、朱可夫、巴顿和曼施坦因。在这5位当中，如果从规模和对全局的重要性来看，北非战场远远比不上东线的苏德战场，从这一点说隆美尔称不上最优秀的，其作用比不过古德里安和曼施坦因。更有好事者这样比喻："世界足球先生"一定来自取得了欧洲杯、世界杯冠军的那支球队，弱队里的球星再耀眼，都只有望其项背……从这个原理推论，谁是"二战最强的陆军将军"呢，结论只有一个：朱可夫！用宣传家的口气说，这叫作"在关键的地方发挥了关键的作用"。

持以上观点人的另外一个根据是，隆美尔虽然贵为元帅，但指挥的部队最高级别为师级，没有指挥过军级、集团军级的部队，这似乎与他的元帅军衔不太相配，由于运输和供给困难，北非战场并非德军的主要战场，虽然战略意义十分重要。所以隆美尔并没有像龙德施泰特、曼施坦因、莫德尔、古德里安那样指挥千军万马进行大规模的战役，也许从战术上讲他技高一筹，但从战略上讲就差了些，战功上就更无法和其他元帅相比了。因此，二战最强陆军将军非朱可夫和巴顿莫属，前者屡屡力挽狂澜，号称消防队长；后者攻无不克，战无不胜。隆美尔能力确实也不错，但名气与英方的吹捧不无关系，东线的曼施坦因当数德军二战中最优秀的将军。

既然隆美尔因为在北非战场被蒙哥马利打回突尼斯一役被

M 隆美尔像

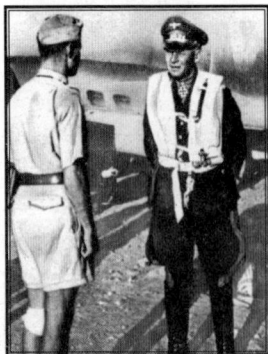

M 隆美尔

非洲战役的德军统帅。他受命指挥北非的两个机械化师，稳定对英战线。

彻底排斥，那么我们就来看看这场让隆美尔抱恨终生的战斗吧！

1941年2月12日，隆美尔受希特勒委派去解除北非意大利军队的困境，飞抵利比亚首都的黎波里。他一直渴望找到这样一个独立的战场，他是战场的主宰，北非战场正是这样一个好地方：绵延数千公里，堆积厚厚黄沙的开阔区域，没有障碍物和天然防线，自然也就没有政治阴谋、游击队、抵抗组织、难民等问题的干扰。一切军需均从外部运入，指挥官可以在流动的战场上任意设计自己的战争。

隆美尔借助坦克的高度机动性，在缺少制空权的条件下，采用兵不厌诈的手法屡屡奇袭得手、以少击众、出奇制胜，其中最著名的当数以机动战术攻占刬兰尼加地区一役。接着攻克托卜鲁克要塞，并多次击退英军反攻。1942年5月，在比哈凯姆坦克会战中，隆美尔把英军逐回埃及境内，取得了重大胜利。隆美尔因战绩卓著而连升两级，成为德军中最年轻的元帅。

然而，从一开始就注定了隆美尔命运的是，德军统帅部对隆美尔一次次的劝阻，希特勒要求他只发动"有限的攻击"，因为纳粹的头子们根本没有足够的精力来顾及角落里的非洲战场。即使希特勒后来受到隆美尔巨大成功的激励，大力支援隆美尔，隆美尔实际得到的也只是杯水车薪。他没有足够的

Ⓜ 蒙哥马利中将戴着那顶人人熟悉的贝雷帽，在沙漠战役中，从坦克车塔观察地型。他的英国第八军彻底消灭了隆美尔的非洲军团。

坦克装甲车，没有足够的粮食油料，也没有制空的能力。所有战场的损失，他都无力补充。"超人"的意志变得无济于事。

另一方面，1942年8月，当蒙哥马利来到开罗时，他带来的是崭新的美制"谢尔曼"式重型坦克、俯冲轰炸机和大口径榴弹炮。以丘吉尔为代表的全英国也在大力支持蒙哥马利，丘吉尔甚至还为他争取到了美国的帮助。而强弩之末的隆美尔却只能一天几次地为意大利军队的懦弱怯战发脾气。有人戏称，这是重量级和轻量级拳手之间的搏斗，是一次不对等的战斗。

在如此优劣悬殊的情况下，隆美尔依然首先于1942年8月31日发起阿拉姆哈勒法战斗，但他的攻势连连受阻，直到坦克里只剩下一天的燃油时，隆美尔不得不下令全线撤退，行程3200多公里，隆美尔率领"非洲军"奇迹般地逃脱了蒙哥马利一次又一次的追截，终于遁入突尼斯山区。次年5月13日，疾病缠身的隆美尔回国养病两个月，"非洲军"在突尼斯被盟军全部歼灭。北非沙漠中的大败摧毁了他的意志与自信。到1943年底，当希特勒再次起用他做西线B集团军司令时，隆美尔已从骨子里变成了一个"悲观主义者"，体现着"超人"意志的疯狂进攻精神消失了。"大西洋壁垒"海岸防御工事任务中隆美尔受到假情报的误导，上了艾森豪威尔的当。1944年6月6日凌晨，盟军万舰齐发在诺曼底登陆时，正在家中为妻子庆祝生日的隆美尔得知消息，犹如晴天霹雳，顿时呆若木鸡。

1944年10月14日，隆美尔因希特勒被刺事件受牵连。摆在隆美尔面前的只有两种选择：要么按叛国罪接受军事法庭的审判，被钢琴弦吊死；要么服毒自尽，为

Ⓜ 隆美尔和他的参谋人员在北非之役中研究德国战术

他保密，举行体面的国葬。隆美尔在极度痛苦中选择了后者。

对于隆美尔在军事上的优缺点，英国元帅卡弗在他主编的《现代世界名将》中评论道："隆美尔在战场上获得的成功更多是出于战术天才，而非战略创见。他对德国的军事战略贡献不大。德国军事史上其他伟大的人物，如格纳森诺、克劳塞维茨、毛奇、施利芬等等，都处在普鲁士和德国重大战略的伟大传统的中心。隆美尔虽然也身处同列，但其成就完全在战术方面。同上述人物相比，他只能身处其侧。"英国军事理论家 B.H 利德尔哈特将隆美尔作战文书编辑成册，名为《隆美尔文件》，其中有关"沙漠战争规律"等论述，对后世产生了巨大影响。至于隆美尔究竟是不是二战中最优秀的将军恐怕只能任世人评说了。

一个外国人
是怎么当上解放军将军的？

在 1955 年中国人民解放军第一次授衔中，有一位将军开始被定为正师级少将。有人认为定得太低了，但他毫无怨言，一切听从组织安排。后来，还是周恩来总理为他反映了情况。毛泽东主席立即指示有关领导，指出他是黄埔时期参加军队的，至少应该定为正军级。这样，这位将军被重新定为正军级少将，并被授予一级八一勋章、一级独立自由勋章、一级解放勋章。他就是中国人民解放军唯一的外籍将军洪水。

洪水的原名叫武元博，1906 年 10 月 1 日出生于越南河内。从河内师范学校毕业后，就追随胡志明去法国从事革命活动。在巴黎，他认识了周恩来、陈延年、李富春等中国战友。1924 年，胡志明来到广州，他号召国内以及旅居国外的越南爱国青年到广州来。洪水响应号召，放弃了优裕的家庭生活，于 1925 年初到达广州。他和黄文欢、范文同等一起参加了胡志明主办的越南革命青年训练班，在课堂上，他认识了讲课的教员毛泽东、刘少奇和彭湃等。训练班结束后，经蔡畅介绍，洪水进入黄埔军校学习，为第四期学员。

"四·一二"反革命政变于 1927 年在上海发动，广州处于白色恐怖之中。在革命的危急关头，洪水毅然退出国民党，并于 8 月加入中国共产党。同年 12 月 11 日，广州起义失败后，洪水由越南党组织安排转移到泰国。1928 年 6 月，在胡志明指示下，他再次来到广东东江参加了红 11 军，开始了在红军中的战斗生涯。在红 11 军，洪水率部队于东江一带打击敌人。1930 年 4 月，他调到闽西的红 12 军，先后任政治部宣传科长、团政委、师政治部主任等职，历经百战，成长为红军的优秀指挥员。

洪水于 1932 年 10 月奉命调进中央苏区首都瑞金，进入红军中央军事政治学校学习，后留校担任教员。在长期的斗争实践中，洪水被王明一伙"左"倾当权者打成高级特务，开除党籍。在朱德、刘伯承的关心下，洪水毫不屈服，他随红一方面军参加了长征。1935 年 6 月，由于坚决反对张国焘的分裂阴谋，支持朱德、刘伯承北上抗日的正确主张，

世界军事未解之谜

FM 在长征中，洪水曾因反对张国焘的分裂阴谋被开除党籍。图为油画《北上》。

M 1924 年 1 月，黄埔军校正式创办，孙中山兼军校总理，蒋介石任校长，廖仲恺任党代表，周恩来任政治部主任。图为孙中山率国民党党政军要员出席黄埔军校开学典礼。在黄埔军校学习，是洪水参加中国革命的一段重要经历。

洪水又惹怒了张国焘，将他在长征途中刚刚恢复的党籍再次开除，外加上一顶"国际间谍"的帽子。就是这样，洪水仍然跟着左路军第二次爬雪山、过草地，又经历了一次磨难。在转战到西康甘孜一带时，部队人员失散，他只身一人藏在藏民家里，放羊、放骆驼、讨饭，历尽了千辛万苦，终于在 1936 年 6 月到达延安。

胡志明领导的越南"八月革命"于 1945 年 8 月开始了，在这种情况下，洪水毅然决定辞别妻儿，回去报效祖国。回越南后，他改名阮山，先任四联区司令员，后来又任五联区司令员兼政委。此后，四联区、五联区在洪水的领导下开展敌后游击战争及生产自给工作，为战争开创了新局面。因此，洪水在越南干部、群众中威信很高，尤其受到战士们的崇拜。可是，洪水虽然战功赫赫，但由于他同越共其他领导人在革命道路、方针策略上不一致，逐渐受到孤立、排挤，处境困难。在此情况下，中共中央同意洪水回中国工作。1954 年底，洪水担任总参《战斗训练》杂志社社长。这也是他在解放军担任的最后一个职务。

1956 年初，洪水被检查出患有胃癌，但是已到晚期。也许是叶落归根的思想使得他提出了回越南的要求，中央不仅批准了他的请求，而且按照国家元首的规格，为他安排了专列。毛泽东、周恩来、彭德怀、叶剑英、黄克诚等为他送行，胡志明主席亲自到河内火车站迎接他。10 月 21 日，这位戎马一生、带有传奇色彩的将军与世长辞，年仅 48 岁。

在中国大革命风暴中，洪水从越南来到中国广州，年仅 19 岁的他，看到了中共党人为共产主义不怕流血牺牲的品德和意志，在中国大革命处于低潮，在白色恐怖中毅然入党，这足见其国际主义的纯真与坚定！在以后的革命历练中他逐渐成长为红军中一位出色的政工领导干部，他的脚印一步步留在了漫长、艰苦的长征路上。此时的越南人洪水，早已与中国工农红军将士别无二致，就连说话也判断不出是一位异域人，这就是我军唯一的一名外籍将军。

戴高乐 FM

为何突然辞去法国总统之职？

世界军事未解之谜

在 1944 年 8 月 25 日，离开寄居 4 年零 68 天的英国回到巴黎的戴高乐，受到民众热烈的欢迎。虽然他名义上是法兰西临时政府主席，实际上却行使着政府首脑和国家元首的权力。

1945 年 12 月，议会的制宪委员会就宪法框架达成一致：取消法国总统权力，总统由议会选举，对议会负责，政府只听令于议会。虽然戴高乐周围有不少的追随者、崇拜者，但他厌恶政党政治，也不想搞什么政党。他本人的意思是，自己就是法兰西，而政党不过是他的一部分。所以可以说，这让他与那些职业政客水火不容。

在这种情况下戴高乐于 1946 年 6 月发表一番讲演，他说："我想对未来说句话，我和你们的分歧点就是对于政府以及政府和人民代表机构关系的看法相悖。共和国的复兴工作，希望在我离任后，你们能干好。我这是最后一次讲话。我坦诚地告诫大家，假如你们不对法国近 50 年的历史思索的话，不好好考虑政府权力尊严和职责的话，我想，不会过多久，你们会对今天的选择痛感后悔。"

M 戴高乐像

公元 1890.11.22－1970.11.9。法国总统，第二次世界大战时自由法国运动领导人，也是法国第五共和的创建者。

1969 年戴高乐提出一项新的宪法改革。其中主张将参院变成一咨询组织，并扩大地方议会的权力。此改革案被驳回后，戴高乐随即于 4 月 28 日辞职，引退回乡，继续他的回忆录写作，直到 1970 年去世为止。

M 戴高乐在解放广场上宣告成立法兰西第五共和国

第五共和国的成立预示着戴高乐"我即法国"理想的实现。1946年他怅然离职时的遗憾终于得到弥补了。

很明显，在波旁宫说这番话时，他就有离去的打算了。

离开议会，戴高乐准备去地中海附近的昂提布休息一周。这是自1939年以来他第一次度假："面向大海思索，我就想辞去官职，悄无声息地离去，在任何的场面我都不会去抱怨；我不再担任任何的职务头衔，不要退休金；我要安安静静去做我自己想做的事。"1946年1月14日回到巴黎，他批阅完许多积压的各种文件，然后告诉几位部长，他要辞职了。

1月20日，戴高乐邀请所有部长共聚办公室。戴高乐平静地和各位部长握手，紧接着就谨慎地读了声明："我不赞成政党政治，可是它卷土重来。除非用武力去建立独裁政治，但我不会同意。我无法制止一切，因此，我在今天向国民会议议长递交政府辞职书，我应急流勇退。我衷心谢谢列位给予我的帮助，请求你们能留任到继任人到来之前，保证工作的顺利进行。"部长们万分震惊，也十分伤心。他们都默不作声，戴高乐转身离去。他刚满55岁，精力充沛，神智清晰，正是大展宏图的时候。法共总书记多列士评论："离任很潇洒。"法共报纸却说他逃避困难。社会党领袖勃鲁姆却莫名其妙地说："戴高乐离任没有理由。"

M 支持戴高乐

　　1958年阿尔及利亚风波中，从协和广场到星形广场，戴高乐将军的拥护者举行的大游行。

M 欢腾的阿尔及利亚人民

　　1958年6月，戴高乐宣布"法属阿尔及利亚万岁"。

大多数报刊则持遗憾和万分惋惜的态度。

　　由戴高乐的声明可以看出，他辞职的确是出于对当时政坛的不满，当时的人也认为戴高乐辞职只是一种以退为进的策略。按理说，戴高乐会马上出山。但事实上，他一直到1958年，才在强大的压力下再次进入政坛。可见说他突然辞职的原因是急流勇退更合适。但作为一个坚信自己就代表国家的政治家，正值黄金时期，却突然退出政坛是不可思议的。因此到底是什么原因让他突然辞职也许还待进一步考证。

苍茫的

CangMangDe

ZhanZhengMiWu

战争迷雾

特洛伊战争  FM

是真是假？

在《荷马史诗》的滋养下，当代艺术家通过电影再现的火爆的"特洛伊战争"，令考古学家备感压力，因为那次木马屠城的惨烈尚未在考古发掘中得到证实。

特洛伊战争到底有无其事？多少年来人们争论不息。在过去的16年中，来自近20个国家的350多位科学家和技术专家参与了一项对特洛伊遗址的考古发掘工作。这一遗址位于今天土耳其的西北部，其文明活动从公元前3000年早期青铜时代开始，直到拜占庭定居者于公元1350年放弃了它。按照这一项目的现任负责人曼弗雷德·科夫曼的说法，确定荷马所描述的特洛伊战争的真实性，成了这一考察活动的主要任务。

科夫曼说，根据考古遗迹推论，大致可断定特洛伊城大约是在公元前1180年被摧毁的，可能是因为这座城市输掉了一场战争。考古人员在遗址处发现了大量相关证据，如火灾残迹、骨骼以及大量散置的投石器弹丸。

按照常理，在战争结束后，保卫战的胜

M 古希腊花瓶

古希腊文学和艺术有很多关于特洛伊战争的描述。在这个花瓶上可以看到阿喀琉斯在为一位勇士包扎伤口。

利者会把那些用于投掷的石块等武器重新收集起来以便应付敌人再次入侵；而若是征服者取胜，他们是不会做这种善后工作的。当然，这些遗迹所反映的那次冲突并不意味着就是《荷马史诗》中所讲的那场特洛伊战争。考古证据还表明，在该城此次被打败的几十年后，一批来自巴尔干半岛或黑海西北地区的新移民定居到了那个很可能已相当凋敝的城市。

在考古学界，传统的主流看法认为，这些遗迹与《荷马史诗》中提到的那个伟大城市毫无关系；作为今天考古对象的那座古城，在青铜时代晚期已没有任何战略意义，因而不可能是一场伟大战争的"主角"。

而科夫曼就此反驳说，对欧洲东南部地区新的考古研究将纠正这些看法。

科夫曼指出，特洛伊以当时那一地区的标准来看，称得上是一个非常大的城市，甚至具有超地域的战略重要性。它是连接地中海地区和黑海地区以及连接小亚细亚和东南欧的战略中枢。在当时的东南欧地区，特洛伊城的这一战略中枢位置是无与伦比的。特洛伊城显然因此遭受了反复的攻击，它不得不一再进行防卫，以及一再修复、扩大和加强其工事。这在留存到今天的遗址上，还有明显的表现。最近的挖掘还表明，特洛伊城比先前一般认为的规模要大15倍，今天遗址覆盖面积就有75英亩。

科夫曼推断，当年荷马必是想当然地认为他的听众们知道特洛伊战争，所以这位行吟诗人才会浓墨重彩地刻画阿基利斯的愤怒及其后果。荷马把这座城市和这场战争搭建成一个诗意的舞台，上演了一场伟大的人神冲突。然而，在考古学家看来，《荷马史诗》还可以在一种完全不同的、世俗的意义上得到证实：荷马和那些向荷马提供"诗料"的人，应该在公元前8世纪末"见证"过特洛伊城及那片区域，这个时期正是大多数学者所认可的《荷马史诗》的形成年代。

科夫曼认为，尽管在荷马生活的那个时期，特洛伊城可能已成为废墟，但是留存到今天的这一伟大之城的废墟也足以给人深刻印象。生活在当时或稍后时期的《荷马史诗》的听众，如站在彼地某一高处俯瞰，应当能一一辨认出史诗中所描写的建筑物或战场的遗迹。

尽管特洛伊位于安纳托利亚（小亚细亚的旧称），但两位特洛伊考古活动的先驱（德国考古学家谢里曼，1871年发现了古代特洛伊城遗址；卡尔·布利根，主持了19世纪30年代对特洛伊的考察）却带给人们这样一种观点：特洛伊是希腊人的特洛伊。这个观点是一种成见。而科夫曼指出，这一观点并不正确，两位

Ⅶ 拉奥孔
在著名的特洛伊战争中，特洛伊城的祭司拉奥孔识破了希腊人的诡计，警告特洛伊人不要把那只被遗弃的木马搬进城里。结果由于泄露了秘密，拉奥孔与两个儿子被阿波罗和狄安娜派来的两条巨蟒杀死。

世界军事未解之谜

M 赫拉克勒斯的战斗　陶器

先驱的考古研究仅涉及在"西线"从希腊到特洛伊的考察，却忽视了在"东线"对安纳托利亚地区的整体考察。

科夫曼说，随着考古研究的不断深入，学者们已大致确定，青铜时代的特洛伊与安纳托利亚的联系是相当密切的，这种密切程度要超过它与爱琴海地区的联系。在特洛伊出土的、数以吨计的当地陶器以及其他一些发现（如刻有象形文字的印章、泥砖建筑、火葬现象）都验证了这点。

对安纳托利亚的研究告诉人们，这座今天被称为特洛伊的城市在青铜时代后期曾兴起过一个有相当实力的王国——威路撒。赫梯帝国和埃及人与威路撒都曾保持着密切联系。据赫梯帝国的历史记载，在公元前13世纪至公元前12世纪早期，他们和特洛伊城之间的政治和军事关系甚是紧张。

这个时期正是《荷马史诗》所描述的发生特洛伊战争的时期。这中间有什么联系吗？这一点值得继续研究。

几十年前，那些坚持特洛伊战争真实性的学者们曾是少数派，他们的学说曾被主流学术界嗤之以鼻。然而，随着近十几年来相关考古活动的突飞猛进，当年的少数派如今成了多数派。而今天的少数派，那些坚决否认特洛伊战争真实性的学者只能用一句"特洛伊没有任何战略意义"的说法支撑他们的观点，正如科夫曼等人指出的，这种说法过于勉强。

科夫曼说，现在大多数学者已达成共识，在青铜时代后期的特洛伊曾发生过几次冲突。然而，我们还不能确定荷马颂吟的"特洛伊战争"是不是对这几次冲突的"记忆蒸馏"，是不是的确发生了一场值得后人永远追忆的大战争。

淝水之战

是以少胜多吗?

淝水之战，是 383 年东晋与前秦在今安徽寿县一带进行的一次大战。"风声鹤唳，草木皆兵"的历史典故即出于此。

316 年，西晋王朝灭亡。当时，占据陕西关中一带的氐族统治者以长安为都城，建立前秦政权。357 年，苻坚做了秦王，他采取一系列改革政治和发展经济、文化的措施，使前秦国力迅速强盛，并基本统一了北方。在南方，琅琊王司马睿在建康（今南京）称帝，建立东晋王朝。东晋占有今汉水、淮河以南的大部地区。这样，就形成了秦晋南北对峙的局面。

383 年 8 月，苻坚发兵南下，三路进军，攻打东晋。共有步兵 60 余万、骑兵 27 万、"羽林军"3 万余骑；百万大军从东到西，绵延千余里。在苻坚重兵压境下，晋武帝采纳了谢安、桓冲等人的主张，下令坚决抵抗。他派将军谢石、谢玄等率兵 8 万沿淮河西进，以拒秦军；又派将军胡彬率领水军 5000 增援战略要地寿阳（今安徽寿县）。

同年 10 月 18 日，秦军前锋攻占寿阳。胡彬所部水军走到半路，得知寿阳失守，退守硖石（在寿县西北 25 里）。秦军为了阻挡晋军主力西进，又派兵 5 万进至洛涧（今安徽怀远县以南之洛水），并在洛口设置木栅，阻断淮河交通。胡彬因困守硖石，粮食用尽，处境十分艰难，写信要求谢石增援。不料胡彬的求援信也被秦军截获。由此苻坚判断晋军兵力很少，粮食十分困难，应该抓紧进攻，遂把主力留在项城（今河南项城境），只带了 8000 骑兵赶到寿阳。苻坚先派尚书朱序到晋军劝降。朱序原来是东晋防守襄阳的将领，襄阳失守时被俘。朱

Ⓜ 谢玄像

Ⓜ 谢安像

世界军事未解之谜

序到晋军以后，不仅没有劝降，反而透露了秦军情况，并且建议说，如果秦兵百万全部到达，晋军难以抵抗，现在应趁它还没有到齐，迅速出击，打破它的前锋，大军就会溃散。

听过朱序的建议，晋军将领谢石、谢玄于11月派猛将刘牢之率领精兵5000进攻洛涧。刘牢之分兵一部到秦军侧后，断敌退路，亲自率兵强渡洛涧，夜袭秦军大营。秦军果然抵挡不住。主将梁成战死，5万秦兵大溃，抢渡淮水，淹死1.5万余人。洛涧的胜利，鼓舞了晋军的士气。晋军水陆并进，展开全线反攻。苻坚在寿阳城上，看到晋军严整，攻势猛烈，十分恐惧，竟然把淝水东面八公山上的草木都当成了晋兵。

洛涧失利后，秦军沿着淝水西岸布阵，阻止晋军反攻。晋军将领谢玄派人用激将法对苻坚的弟弟苻融说：如果你把军队稍向后撤，让出一块地方，使晋军渡过淝水，两军一决胜负。秦军诸将都认为不能让晋军渡河，但苻坚却说：可以稍退一步，等到晋军兵马半渡之际，再用骑兵攻击，一定可以取胜。于是苻融指挥秦军后撤。秦军本来内部不稳，这一撤，造成阵势大乱，不可遏止。晋军乘势抢渡淝水，展开猛烈攻击。朱序在阵后大喊："秦军败了！秦军败了！"秦军后方部队一听，争相逃命。苻融见势不妙，急忙驰马赶到后面整顿部队，结果被晋军追兵杀死。晋军乘势猛追。秦军人马相踏，昼夜溃退，

Ⅿ 东山报捷图 明 仇英

谢安(320～385)，字安石，陈郡阳夏（今河南太康）人，卒后赠太傅，谥文靖，是东晋的一代名相。《世说新语》中关于他的词条最多，记载也最丰富。图中表现的正是《世说新语》中描述的"东山报捷"场面：报捷的童子侍立在一旁陈述战事的胜利，而谢安仍专心下棋，镇定自如。

听到风声鹤唳，也以为是东晋追兵。就这样，几十万秦军，逃散和被歼灭十分之七八，苻坚本人也中箭负伤，逃回洛阳。号称百万的前秦军队，被七八万东晋军队打得落花流水，这在中国战争史上是罕见的。因此，淝水之战历来被当作以少胜多的典型战例载入史册。

就是这样一个人人称颂的经典战例，却有人提出了质疑。他们对双方兵力之比提出新的见解。首先，前秦的百万军队是虚数。从当时北方人口的估计数看，前秦全国有百万军队已是惊人数字，即使有，苻坚也不可能全部征调伐晋，至少要留一些驻守各地重镇。更重要的是，这虚数百万也没有全部赶赴前线，苻坚到彭城时，凉州、幽冀、蜀汉之兵均未到达淮淝一带，因而根本没有参加淝水之战。

其次，当时集结在淮淝一带的军队，是苻坚的弟弟苻融率领的 30 万，他们也没有全部投入战斗，而被分布在西至郧城、东至洛涧 500 余里长的战线上。驻扎在寿阳及其附近的军队，充其量不过 10 万。加上苻坚从项城带来的"轻骑八千"，也不过 10 多万人，况且战争发生时，这些军队也不会全部投入战斗。正因为寿阳一带兵力不多，苻坚才会在看到晋军严整的阵容时，心中无底，产生草木皆兵之感。

最后，晋军共 8 万精兵，除刘牢之所率 5000 人进军洛涧外，均参加了战斗。当时，晋军在长江中游地区布置的兵力，本来就较雄厚，再加上新投入的 8 万，因此当秦、晋双方沿长江中游至淮水一线交战的时候，晋方在前线至少有 20 万以上兵力。再考虑到前秦军长途跋涉、晋军以逸待劳；前秦内部意见分歧、晋军上下一心等各种因素，晋军占了一定优势。因此，不论从两军交战的时候，还是从整个战役情况看，淝水之战时双方投入的兵力，是大致相当的。

长期以来，秦晋淝水之战是以少胜多、以劣势之军打败优势之军的辉煌战例。如今又提出了秦晋双方兵之比的新见解，淝水之战是否以少胜多又成为未解之谜，有待进一步破解。

拿破仑

为什么会兵败滑铁卢？

Ⓜ 法兰西皇帝拿破仑·波拿巴双眉紧锁，扫视着战场。拿破仑凭借他的军事韬略和政治才能，在20年间从一个科西嘉岛小贵族变成了主宰大半个欧洲的人物。

1815年春，被放逐到厄尔巴岛的拿破仑回到巴黎，东山再起，很快重新控制了整个法国政权。得到这一消息后，欧洲各国君主如临大敌，立即组织了第七次反法同盟，希望能在最短的时间内将他绞杀。拿破仑也迅速组织部队抵抗，根据制定的正确的战略部署，要在俄奥大军到达之前解决战斗，以迅雷不及掩耳之势先将英普联军各个歼灭。可是这一次战争局势并没有朝着"战神"部署的方向发展。

受命占领布鲁塞尔重要阵地以牵制英军的内伊元帅迟缓犹豫，使这一行动未能如期完成。后来在双方激烈争夺时，拿破仑又命令内伊属下戴尔隆军团由弗拉斯内向普军侧后方开进，和主力部队一起对普军实行夹击，

但戴尔隆对命令理解不清，错误地向法军后方的弗勒台开来，使这决定性的一击延误了近两个小时。而当戴尔隆重新赶回普军后方时，又被不明战局的内伊元帅严令调开，这时英军已在戴尔隆的大炮射程之内，戴尔隆机械地执行了内伊的命令，使法军在临胜之际功亏一篑，英军逃脱了被全歼的命运。

另外，在滑铁卢会战的前一天，拿破仑指挥军队追击英军时，就在两军快要相接时突然下起了瓢泼大雨。顷刻间，道路被冲毁，田野一片泥泞，法国骑兵不得不停止追击，使狼狈逃窜的英军绝处逢生。次日清晨，彻夜未停的大雨仍然妨碍着法军按时投入进攻，善于运用机动战术的拿破仑也无法在这样的天气下发挥炮兵和骑兵的机动作用。战斗一直推迟到中午才开始，这就给英军更多的喘息机会。

滑铁卢大战是世界战争史上令人瞩目的一页，也是拿破仑戎马生涯中的最后一战。然而，这一战却以拿破仑的失败而告终。滑铁卢战役的进程既惊心动魄，又富有戏剧色彩，许多微妙因素影响了战局，使法军的锐势急转直下，失去了几乎到手的胜利。

6月18日中午，随着三声炮响，滑铁卢之战的帷幕骤然拉开，排山倒海的法国骑兵呼啸而上，但防守的英军顽强抵抗，以猛烈的火力压住了法国骑兵的锐势。战斗进入

了胶着状态，整个下午的激战没有片刻停歇，处于浴血苦战之中的双方都失去了完全控制局势的力量。黄昏到了，拿破仑亲自率领自己的近卫军又向英军阵地冲去，但是就在这个时刻，英国的援军到了，而拿破仑一直相信在英援军到来之前会前来救援的格鲁希元帅的部队却始终未到。形势急转直下，英军趁势变守为攻，对法国军队发起了总攻。

列成方阵的法国近卫军一面拼死抵抗，一面缓慢后撤，拿破仑也只好下车骑马而走。他脸色惨白，泪流满颊，在暗淡的星光中跑过了一个个尸横遍野、怪影幢幢的战场。他试图收拾残军，无奈力不从心，战场上躺着2.5万名死去的和受伤的法国人，法国几乎损失了全部的炮队，而几十万奥国生力军正逼近法国边境，还有几十万俄国军队不久也将到来——所有这一切都使拿破仑陷入完全绝望的境地。他不得不宣布退位，从此开始通向死亡的流亡生活。

法国滑铁卢战役失败的原因引起了史学家和军事评论家的极大兴趣。

有人认为，是格鲁希元帅的迟迟不到毁灭了整个法国军队，因为当时拿破仑的军队有7.2万人，英军也有7万人，双方势均力敌，谁的援军先到，谁将占据优势。或者是天气原因在这场战争中占据了很重要的因素，导致了拿破仑的失败。可是也有人把原因追溯到更早一些时候，他们认为，如果一切都按拿破仑最初的正确战略进行，本来早就可以结束战斗了，滑铁卢的决战也不会发生。第七次反法同盟也会像上几次一样，被拿破仑打得落花流水，一败涂地。

人们还常常把原因归结为拿破仑用兵失误，主要是当时在他身边缺少能攻善战、和他配合默契的将领，达乌被围困在汉堡，缪拉没能够及时从那不勒斯赶回来，马塞纳正在西班牙征战。拿破仑虽然培养了一批将才，但在关键时刻却不能为自己所用，这无疑是一场悲剧。

最后，听一听拿破仑自己的解释吧。他说："这是命中注定的，因为，就算有了这一切原因，那场战斗本来也是该我赢的。"

也许，是这些微妙的因素综合在一起发生作用，使战无不胜的拿破仑再一次遭遇了失败的命运。人们不遗余力地对其中具有决定性影响的因素进行探讨，但是谁也不能说服谁，只好作为一桩疑案继续讨论下去了。

M 这幅画表现了1815年6月18日进行的滑铁卢战役中晚8时许的紧张情景。

八国联军 FM

用过毒气弹吗？

英美德法俄日意奥侵华的八国联军进攻天津发生在1900年7月，当时的战争过后留下了诸多疑点，至今仍然难以解释清楚，其一：死者为何倚墙不倒？其二：英军曾经使用专门的毒气炮作为发射工具吗？其三：所放气体究竟是"绿气"还是"氯气"？其四：毒气炮如今流落何方？

以上这四个疑点如果被证实，将共同指向同一个结论——八国联军确实用过毒气弹。那么究竟史料是如何记载的呢？而且其时间要早于第一次世界大战，事实到底是否如此呢？

让我们先来看看历史遗留下来的四大疑点。八国联军进攻天津时，天津军民死伤惨重，而天津军民死伤的形状也颇为奇特。部分史料中有如下记载，颇让人心惊胆寒。清代的《西巡回銮始末记》中的描述详尽而细致："城内惟死人满地，房屋无存。且因洋兵开放列低炮之故，各尸倒地者身无伤痕居多。盖因列低炮系毒药掺配而成，炮弹落地，即有绿气冒出，钻入鼻窍内者，即不自知殒命，甚至城破3点钟后，洋兵犹见有华兵若干，

M 进犯北京的八国联军旧照

Ⓜ 八国联军中德国在天津的军营

擎枪倚墙，怒目而立，一若将欲开枪者，然及逼近视之，始知已中炮气而毙，只以其身倚于墙，故未仆地。"

照史料上记载，清朝官兵应该还是按照以往躲炮弹的方法，藏在掩体后面。但是，与以往不同的是，这次的"炸弹"爆裂后，绿烟弥漫，无论是否躲到掩体后面，只要闻到绿色烟雾的就会全部死亡。

第二，当年的"万国公法"明令禁止过使用一种叫作"列低炮"的武器，因为其屠杀人类非常残忍。然而，两门列低炮却经由英舰"阿尔及灵"号运载，于1900年7月10日出现在天津港海岸，并在7月11日投入到战斗之中。它们的到来还要从1900年春季说起，当时义和团以"扶清灭洋"为口号围攻英国在京驻华使馆，于是，6月10日英国海军中将西摩尔率联军2000多人赴北京救援，在经过廊坊时受到重创，伤亡惨重。为了"制裁中国"，联军从南非战场上紧急调用了"列低炮"并迅速运往天津战场。

经过多方考证，这种列低炮炮弹炸处，绿烟四散，1码（0.9114米）之内，人畜闻之即死。"万国公法"曾决定"战争中不得使用此炮"，当时签订的国家也包括英国，而现在它却违反国际公法。

到此，从各方面分析，结论逐渐明朗：英军从南非战场直接运到天津的"列低炮"就是毒气炮！那么，据此推测，毒气弹首次使用的时间应该是在南非，而不是以前所说的第一次世界大战。在世界史的相关资料中有关"英布战争"的记载显示，在南非东部的莱底斯战场上，英军就是使用这种炮毒死了很多士兵，加速了战争的胜利。

第三，绿色的气体究竟是什么呢？

氯气是一种具有强刺激性的黄绿色气体，大气中低浓度的氯气能刺激眼、鼻、喉；空气中含有万分之一的氯气就会严重影响人的健康。高浓度的氯气会引起人慢性中毒，

世界军事未解之谜

M 八国联军侵占廊坊后的合影照片

产生鼻炎、支气管炎、肺气肿等，有的还会过敏，出现皮炎、湿疹等。根据史料记载所描述的情形，八国联军炮弹冒出的这种"绿气"极有可能就是"氯气"。如果氯气浓度极高时，人吸入则有可能马上窒息而死。

在有关第一次世界大战中毒气弹使用的史料中这样记述：1915 年 4 月，德军飞机向英法联军投下氯气弹，炸弹落地后，腾起团团黄绿色的浓烟，迅速向四周弥漫。靠近毒气弹的英法士兵纷纷倒下，头晕目眩，呼吸紧张，紧接着便口角流血，四肢抽搐起来，死后的人大多数还保持着生前的姿势。史料上的描写与八国联军在天津使用列低炮进攻清军后的情况极其相似。由此，不难断定，八国联军在天津使用的就是氯气弹。

最后，当年的列低炮如今又下落何方呢？这将是解开谜底最有力的证据。

在那次炮攻天津之后，史料中再也没有发现关于列低炮的记载，也没有发现联军使用毒气弹的记载。天津也成为唯一受过列低炮伤害的城市。那么这两门炮究竟去哪儿了？会不会是在战斗中被清军摧毁了？如果不是，那么在进攻北京的过程中又怎会让这种极具杀伤力的武器不发挥作用呢？如果是因为顾忌"万国公法"的约束，那么在天津的使用又怎么解释？ 综上，毒气炮下落比较可信的说法就是被清军炮击摧毁了。

这种被怀疑为毒气弹的武器在很大程度上促进了八国联军的胜利，根据相关专家的考证，毒气炮在天津至少使用了三次。1900年 7 月 11 日，是第一次使用的时间。英国"奥兰度"舰准尉 G．吉普斯在《华北作战记》文中提到："星期三（7 月 11 日）凌晨 3 点，中国人大举进攻车站，决心要攻下它。他们在黑夜中前进，终于到达车站……我们从大沽运来的 4 英寸口径大炮第一次使用上了。"当时，洋人已经顶不住武卫军和义和团针对老龙头火车站的共同进攻。于是，英军就从织绒厂后面向驻扎在陈家沟的武卫左军大营和攻打火车站的清军及义和团施放了毒气弹。绿烟飘来，数百士兵以及尚未分发的600匹战马均无一幸免，铁路旁的义冢堆尸如山。

八国联军见中国军民抵抗热情并没有因为巨大的损失而降低，随后又两次使用了特殊炮弹。 7月13日至14日凌晨，八国联军对天津城发起总攻。萨维奇·兰德尔文《中国与联军》载："攻打天津城的战斗发生在13日清晨。联军利用所占有的一切可以利用的大炮在日出时就开始射击……两门4英寸口径海军快炮中有一门架在通到西机器局的路上，另一门则在土围子附近……"守城清军凭借城墙高厚的优势阻击，义和团在城下民房中协助，洋人攻城不下，于晚上8点开始撤回攻城士兵，并施放特殊炮弹。

最后一次是在8月5日清晨，联军开始向唐家湾的清军前沿阵地发起总攻。一开始怕伤着联军士兵并没有发射，等到在穆家庄、南仓受到清军阻击，退到白庙，渡过河后，英军随即施放列低炮，这种炮弹再次帮了他们大忙。

这段历史留下的四个疑点如今都已经无法拿出最直接最确切的证据，因此，一切的结论都只能是建立在种种假设基础上的推论，是否还有其他原因会导致士兵死去时的姿势与因毒气弹而死的姿势相似？历史上有关第一次使用"列低炮"的地点是南非而不是中国的记载真的错了吗？绿色的烟雾是不是一定就是氯气呢？最后一点，当年用来发射特殊炮弹的大炮已经再也找不到了，还是从来就不存在呢？这一切的疑问谁能解答呢？

▣ 八国联军统帅瓦德西到达天津

"黄色计划"
的神秘魔力

说起"黄色计划"，不得不提起一个人：弗里茨·埃里希·冯·曼斯坦因。"1945年受到我讯问的德国将军们一致认为曼斯坦因元帅业已证明是德国陆军中能力最强的指挥官，他们曾经期望此人出任陆军总司令。"军事历史学家利德尔·哈特如是说。

1939年9月，德国实施"白色计划"，闪击波兰。曼斯坦因在波兰战争中担任德国南方集团军群（司令为伦德斯泰特）司令部参谋长。波兰战争结束之后，德国陆军总司令部根据10月9日的希特勒批令而制订颁发"黄色计划"。

曼斯坦因在深入研究"黄色计划"的内容和全面分析作战双方的情况之后，认为"黄色计划"有模仿"施利芬计划"之嫌，难以出奇制胜，故而主张：西线攻势的目标应该是陆地寻求决战；攻击的重点应该放在A集团军群方面而不应该放在B集团军群方面，A集团军群应从地形复杂却能出敌不意的阿登地区实施主攻，挥师直指索姆河下游，这样才能全歼比利时的盟军右翼，并为在法国境内赢得最后胜利奠定基础；B集团军群的兵力应由2个集团军增到3个集团军，此外还需增加强大的装甲部队。此即著名的"曼斯坦因计划"的要旨。曼斯坦因的主张得到A集团军群司令伦德斯泰特的赞同。从1939年10月到1940年1月，A集团军群司令部先后以备忘录的形式6次向陆军总司令部提出上述建议，仍未得到同意。直至1940年2月17日，在希特勒的副官施蒙特的帮助下，他才"得以当面向希特勒陈述我们的意见"，并得到希特勒的完全同意。2月20日，陆军总司令部颁发包含曼斯坦因建议的作战计划。结果，德军在战争发起后的6个星期内横扫西欧诸国，大败盟军。然而，

M 游弋在空中的德国轰炸机

这个"黄色计划"从一开始到最后实施并非一帆风顺。

对于发生的这场战争，美国参议员威廉·鲍瑞称其为"虚假的战争"，英国首相张伯伦称之为"模糊的战争"，而对德国人来说，它是"坐着的战争"。自从阿道夫·希特勒的强大战争机器在 1939 年 9 月消灭了波兰，英法联军就一直无所事事地待在马其诺防线，与在塞哥弗雷德的德军对峙，直到德军突然发起奇袭之前，英国和美国的很多报纸专栏作家都预言这场虚假的战争将会褪色，最终将以各回各的老家收场，各方都不会有任何人员和财产损失，盲目乐观的情绪彻底地笼罩住了盟军的心。

1940 年 1 月 10 日，一架德国轻型飞机沿着比利时边界飞行因引擎故障在比利时境内紧急迫降。飞机上的两个人侥幸活了下来。他们穿着便服，但他们实际上是德国军官。后来，他们被带到了附近的比利时军队总部。

被营救的两人其中一个是德军少校瑞恩伯哥。哨所的房间火炉烧得很旺，随着时间推移比利时士兵开始松懈了。突然，瑞恩伯哥少校跳起来，将藏在大衣口袋里的一沓纸扔进了炉火。这时，比利时的地方长官艾米利奥·罗致上尉飞快地跑到火炉边伸手将已经开始燃烧的纸卷拿了出来，他的手被严重烧伤。

没有说一句话，瑞恩伯哥冲上去抢罗致的左轮手枪，俩人在地上扭打起来。紧接着，其他比利时士兵冲进来制服了这个发疯的德国少校。"我完了，" 瑞恩伯哥叫道，"我永远也不能原谅我所做的！我不是想杀你，我是想自杀。"

被火烧焦的纸片被比利时的情报机构拼了起来，上面写着"德军行动命令"，接着是"西线的德军将在北海和摩泽尔河之间发动进攻……"以及一些诸如荷兰堡垒、第七飞行集团军、坦克团的字眼。这不正是一份关于德国进攻法国和低地国家（指荷兰、比利时、卢森堡——译者注）的秘密计划吗？比利时的将军们简直不敢相信自己的眼睛，这些纸片究竟是个什么样的阴谋？

为了弄个水落石出，比利时情报机构允许瑞恩伯哥与德国驻布鲁塞尔的武官文

世界军事未解之谜

赫·威林戈少将通话，并在隔壁进行窃听。电话里瑞恩伯哥向威林戈汇报说自己已经成功地将"黄色计划"烧掉，威林戈少将显然被这个厚颜无耻的谎言骗了过去。由此，比利时人确信，这个计划确有其事。

柏林，狡猾的希特勒陷入狂怒之中，因为他根本不相信瑞恩伯哥所说的一切。希特勒的密友陆军将军威海尔姆·凯特尔说，"他唾沫横飞，使劲地用手擂墙，几乎疯了似的咒骂手下人鲁莽和愚蠢的行为。"这次失误几乎使他的西进计划夭折，也难怪他会发疯。

直到德国的情报机构汇报说，英法两军的部署没有任何变化时，希特勒才放下了心，命令"黄色计划"按原样进行。

1940年1月12日，罗马，意大利王子的妻子玛丽·朱丝打电话给外长——墨索里尼的女婿西亚诺伯爵。她带者哭腔告诉他，德军将要进攻她的祖国比利时。西亚诺是一

个秘密的反纳粹主义者，他向玛丽·朱丝透露了进攻的消息，并建议她应毫不犹豫地立即通知比利时国王雷鲍德。

在其他方面，叛逃的德国间谍偷窃了德军记载有"黄色计划"的文件；英法的侦察飞机也发现德国步兵和装甲车在德国边界大规模集结。更重要的是，英国最秘密的密码破译机构截获并破译了数百个德军的无线电信号，这些信号表明，"黄色计划"即将实施。

以上的这些大量信息都证明从1940年初，希特勒正在谋划着在西线对英法联军进行大规模的进攻。并且盟军，特别是比利时人得到了诸多的直接或间接的消息。

此外，一个名叫约瑟夫·穆勒的著名律师4月30日这一天从慕尼黑到达罗马。穆勒是一个虔诚的天主教徒，他此行是来执行一个他一生中最重要的使命：尽力通知英国和法国希特勒要实施"黄色计划"，他带着"黑色管弦乐队"（以铲除希特勒为目的的严密

Ⅳ 1940年5月，德国坦克和步兵进入法国。对法国的进攻极其奏效，法国固若金汤的马其诺防线几乎未派上用场，德军出其不意地突袭到法国腹地，法国战线全线崩溃。

组织）的领导们精心准备、措辞严谨的文件，文件中明确表示希特勒很快将在西线发动进攻。文件被穆勒交到了他的老朋友雷伯教父手里。接着，雷伯教父迅速通知了耶稣会士默耐斯牧师，并联系到了比利时驻罗马大使利文霍，然而这位大使竟然对文件的内容不以为然。但奇怪的是，第二天，也就是5月2日，大使又改变了主意，他立刻向布鲁塞尔发出了警报。

　　5月9日，250万德国军队分成102个师，其中9个装甲师，6个摩托化师，集结在法国、比利时和荷兰边界。荷兰使馆武官金伯特·塞斯得到希特勒已经下令实施"黄色计划"的消息后，也曾经打电话给比利时驻德国使馆武官和总部设在海牙的荷军总司令部，用预先安排的代码告诉他的上级，"明天黎明绷紧弦"！进攻时间定在第二天也就是1940年5月10日的凌晨3：30。塞斯发出警报几个小时后，德国军队如雪崩般地向森林密布的南部城市亚琛(Aachen)集结。

　　5月10日凌晨，不到两小时，大批斯图卡式俯冲轰炸机、德国步兵和装甲车一起冲过了边界，横扫中立的比利时和荷兰。事先得到的许多关于进攻的情报丝毫没有帮助盟军减轻慌乱和手足无措。德军战斗进程之迅速和战果之巨大令很多人感到吃惊。

　　在接下来的6周中，德军把英国军队赶出了欧洲大陆，征服了法国、比利时、卢森堡和荷兰。英军在慌乱中几乎把所有的武器装备和运输工具都留在了敦克尔刻。

　　对于这次盟军的溃败很多人都十分不解，为什么盟军的高级将领对德国实施"黄色计划"的反应如此迟钝且毫无准备呢？难道是"黄色计划"有什么特殊的魔力让那么多人都对其视而不见吗？这仍是二战中的一个难解之谜。

世界军事未解之谜

谁是偷袭珍珠港的真正罪魁？

1941 年 3 月 27 日，刚刚走下渡轮的日本领事馆新上任的书记员，一位 23 的岁小伙子"森村正"，此时已经被一旁的两名身着便装的美国联邦调查局的特工盯上了。到来后没几天，这位年轻潇洒的书记员就迷上了艺妓，经常喝得酩酊大醉。一来二去，"浪荡公子"的绰号不胫而走。

美国联邦调查局则一直窃听他的电话。一次，艺妓摩利打电话到领事馆找他，他竟抓住电话不放，和摩利在电话里调起情来。"这家伙不过是个花花公子、下流坯！"联邦调查局的特工听得厌烦了，拔掉了窃听插头，对他的调查到此结束。其实"森村正"是日本预备役海军少尉，受日本海军军令部的委派而来，他的真实姓名是吉川猛夫。为日军收集情报，在日美开战之时给美国太平洋舰队大本营所在地珍珠港以致命的一击，才是他的真正任务。

事情进展得异常顺利，"春潮楼"面向大海，珍珠港在眼前一览无余，大批的战列舰、巡洋舰、航空母舰进进出出，吉川也兴奋得差点没叫出声来。于是，他不停地倚在窗前观察，用只有他自己看得懂的符号记录着。时间一久，他渐渐掌握了太平洋舰队的活动规律。隔一段时间，这些情报就被用密码发回了东京。山本五十六大将依据吉川的情报，着手拟定袭击珍珠港的计划。

8 个月的时间之中，吉川和艺妓们频频地光顾海滨浴场，与美军军官及夫人们闲聊，套取情报。有时，他们也登上空中游览飞机

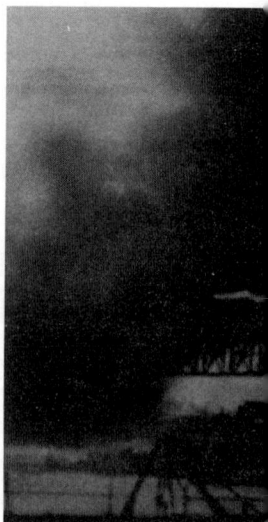

在天上鸟瞰。瓦胡岛的珍珠港和希卡姆机场、惠勒机场尽收眼底，机场跑道的走向、大约长度、每个机场停多少飞机，吉川都一一牢记在脑子里。

有艺妓们作掩护，吉川的活动丝毫没有受到怀疑。

直到11月1日，喜多给了吉川一个纸捻儿，这是海军军令部的密信，一张不大的纸条上，密密麻麻写满97个问题：战列舰和航空母舰的停泊位置、希卡姆和惠勒机场的飞机机种及数量、不同类型舰船的艘数和舰名……

吉川翻动着一本本记录着情报的小本，飞快地写着问题的答案。……97个问题，虽然不是个小数目，但对吉川来说，7个多月苦心搜集的大量情报，使他回答这些问题并没有感到太多的困难。情报送回日本后，山本五十六十分满意。

12月2日，吉川似乎嗅到了战火硝烟味。因为下午的时候喜多转告吉川让他以后每天报告珍珠港美国舰队的动向。看来

Ⓜ 第一攻击队鱼雷攻击停泊在珍珠港的战舰群

战争爆发指日可待了。

12月6日星期六的夜晚，吉川发出了他来夏威夷8个多月的最后一封电报：珍珠港停泊舰艇如下：战列舰9艘，轻巡洋舰7艘，驱逐舰9艘，3艘航空母舰和巡洋舰，出港未归。而此时日军突袭舰队距离珍珠港只有350海里了。

第二天一大早，震耳欲聋的爆炸声将吉川从梦中惊醒。一架双翼涂着"旭日"标志的飞机掠过领事馆上空。"是日本飞机！打起来了！"吉川激动地一把拉住喜多的手，眼中充满了泪水。

接着他赶忙把8个月来搜集的情报资料全都收拾在一起，点火销毁了。火苗尚未完全熄灭的时候，一队美国宪兵冲入了领事馆大门，日美双方的驻外人员都被对方作为人质扣押。此后，美国联邦调查局才发现"森村正书记员"正是导致珍珠港悲剧的罪魁祸首。然而，因为享有外交豁免权，美国只能后悔当初疏忽大意没有及时挖出这颗"钉子"。

吉川的卧底工作固然为日本提供了必

Ⓜ 日本偷袭珍珠港成功

世界军事未解之谜

要的美军情报，但是在其背后真正指挥着这场战争的罪魁祸首究竟是谁呢？

日本防卫厅所编的《大东亚战史》丛书中的一册为"从偷袭珍珠港到中途岛海战"，公开了大批"偷袭"珍珠港的原始文件。

1941 年 9 月 6 日的御前会议决定：如 10 月初日美交涉仍无进展，即对美、英、荷三国开战。11 月，"在收到赫尔 26 日之备忘录后，始于次日之联席会议决定：于开战翌日宣战，绝对需要以奇袭制敌，用以导致首战成功之故。"在 1941 年 11 月，日本已经决定"于开战翌日宣战"，这就说明日本对珍珠港的所谓"奇袭"其实是早就计划好的要不宣而战。然而，1912 年的海牙公约明文规定："缔结国无事先且有明白的付有理由的开战宣言形式，或包含有条件开战宣言的最后通牒形式者双方不得开始动干戈。"

29 日的联席会议上，东乡外相首次获

作为假象，日本大使野村吉三郎（左）及特使来栖三郎（右）笑容满面地随同美国国务卿赫尔前往白宫，而此时南云中将已率领日本攻击队驶向珍珠港。对于即将发生什么，双方是不是都心知肚明呢？

悉 12 月 8 日（远东时间）为开战日期。该次会议再度决定："今后之外交措施均应以有助于作战之成功为主眼。"

日皇裕仁于 11 月 29 日两度召集重臣在宫中开恳谈会，讨论开战问题。次日下午突然召见首相东条英机询问对开战的意见。东条答道："事至如今为自存自卫计非开战不可，再者，统帅部对战胜亦拥有相当把握。不过，海军作战因系扮演胜利基础的角色，若陛下稍有疑念之处，可否召见海军参谋总长及海相等查证一番。"

是日傍晚，日皇召见海军总长永野修身及海相嶋山繁太郎。日皇说："箭即将发出，

Ⓜ 直到 1941 年 12 月 7 日偷袭珍珠港前几个小时，一名在夏威夷的日本海军军官还在提供美国舰只活动的情报。

一旦发出谍成为长期战，海军是否仍按预定进行？"

永野回答："一旦皇命下达，当如期进击。"海相奏报："人员物资均已准备就绪，只等待皇命下达。据日前晋京的山本联合舰队司令长官表示，训练已成，将士们士气旺盛，颇具自信，为夏威夷作战而精神抖擞。"日皇又问："若德国不愿意参战又将如何？"海相即答："并未全然依赖德国，纵然德国袖手不战，我亦应能从事。"

当晚日皇即通知于12月1日召开御前会议，下达开战命令。3日，日皇召见山本总司令并下诏书："兹临出师之际，朕委卿负责率领联合舰队之大任。惟联合舰队的责任极为重大，其成败有系于国家兴废也。朕令卿发挥舰队多年磨炼的实绩，进而剿灭敌军，宣扬威武于中外，以副朕对卿之依界也。"

华盛顿日本使馆方面，由于正值周末及译电困难，14段电报于7日12时30分始译完，1时30分整理成文，故不得不将野村大使原约定的晋见时间由12时30分延至1时45分。野村吉三郎及来栖三郎两大使于下午2时20分见到赫尔国务卿，已经是日本开始袭击珍珠港后的一小时零十分钟，赫尔已获悉珍珠港被袭消息，遂极严厉地对野村说："不瞒说，过去8个月来余与台端进行交涉中，一直不曾说过谎话，从以往的记录可证明此言非假。余50多年的公职生涯中，从来不曾看过如此恬不知耻，充满虚伪与歪曲的文书；也不曾想到在此世界上竟然有如此谎话连篇和牵强于词的国家。"

日本偷袭珍珠港取得了巨大成功，厚颜无耻的企图以"奇袭"的谎言代替"偷袭"，50年后美国人仍不能忘怀。对此偷袭罗斯福称之为"可耻的日子"。造成这一灾难的罪魁祸首究竟是谁？是吉川，是山本五十六，还是日本天皇裕仁？也许谁都无法给出一个绝对正确的答案吧！

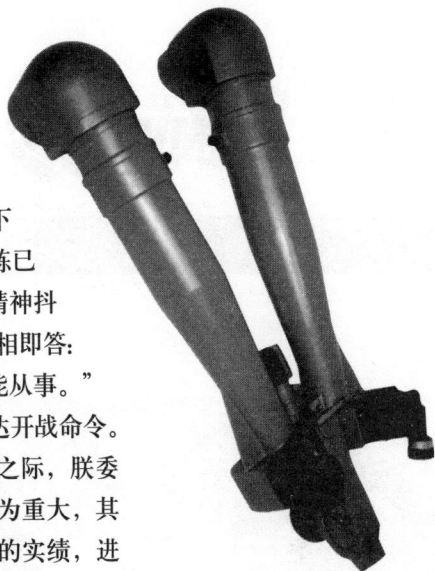

Ⓜ 二战中日军使用的战壕望远镜

世界军事未解之谜

Ⓜ 日本偷袭珍珠港后，美国方面很快做出反应，罗斯福总统对日宣战。

打响珍珠港战争

第一炮的不是日军？

偷袭珍珠港的日本海军敢死队飞行员

1941 年 12 月 7 日，著名的珍珠港战争爆发，日军对夏威夷瓦胡岛上的美军太平洋舰队发动的突袭彻底惊醒美军的美梦，被激怒的美国人从此正式加入二战的行列。以上的这些史实已经是大家耳熟能详的了，人们理所应当的认为日本军队偷袭成功，必然是日本首先打响了第一炮，因为美军丝毫没有准备，只有被动挨打的份。然而这样的事实却遭到了美国海底探险家巴拉德的反驳。他向美国权威的《国家地理杂志》透露了他最近进行海底探寻的新发现：太平洋战争的第一炮其实是美国人打响的，虽然战争要到 45 分钟后才开始！

众所周知，1941 年 12 月 7 日，日军偷袭珍珠港，除珍珠港受创外，瓦胡岛上其他军事基地也遭波及，轰炸前后历时 2 小时之久， 21 艘美国军舰被击沉或严重损坏、321 架飞机受损，并造成 2388 人罹难，1000 多人受伤。

然而，珍珠港事件已经过去了 60 多年，巴拉德却坚定地指出，珍珠港内的一艘救援船，发现船身后面的水面上有潜望镜冒出，其实，那就是在日本空军机队抵达珍珠港的 45 分钟之前日军的一只小型潜艇。港内的"沃德"号驱逐舰收到了拖船船员的报告后，曾经以深水炸弹攻击这艘悄悄摸进港内的日本小型潜艇。巴拉德说，这艘日本潜艇之所以出现在那里，就是为配合日本 360 架轰炸机与战斗机的偷袭行动。

在进行袭击之后，驱逐舰上的官兵发现了这一军情，立即向上级汇报，但令人遗憾的是，并没有人把它当回事儿，没有人把它认真地送到指挥高层那里去。巴拉德因此不无感慨："试想，如果他们重视这个警讯，在日军抵达之前就会有 45 分钟的战备时间，那么整个结果将会是多么不同！"

巴拉德找到了当年在"沃德"号上服役的几名美国官兵，还有另一位在日本潜艇上服役的日本水手，当年他正身处被"沃德"号攻击的小型潜艇。

搜索日本小型潜艇是一件恢复历史原貌的大事。但是更多时候人们总是对具有历史意义的事件麻痹大意。在巴拉德看来，即使是事件的目击者，5 个人也会有 5 种不同的说法。所以，要揭示事件的真相，就必须找到铁的证据。

于是，这位著名的海底探险家开始发挥自己的长项：率领一个探险小组从 11 月 8 日开始了探索的旅程，来到 366 米深漆黑一片的海底世界。这次出行的主要任务就是要去寻找那艘当年被美军击沉的日军小型潜艇和上面的 2 名艇员的遗骸。30 米长的 "美国岛民"号作业船是他们的主要交通工具，深水遥控成像器"百眼巨人"和"小大力神"则是巴拉德和他的同行者们最大的帮手。

M 珍珠港鸟瞰
拍摄于 1941 年 10 月 30 日，从美国海军部队的部署可以清楚地看到，当时在右下角的舰队正在出海，而 1941 年 12 月 7 日的景象甚至更加平静，直至日军开始了毁灭性的袭击。

世界军事未解之谜

Ⓜ 珍珠港内浓烟翻滚

　　一海军拖船赶往救援战列舰"内华达"号，"内华达"号被日机鱼雷击中，又一再遭受轰炸，勉力开动想逃避厄运。后来因在韦比欧角搁浅在沙滩上，未能逃脱。

船行驶到距离海岸 8 公里的地方，那里正是"沃德"号曾经巡逻的珍珠港的入口，探险队员准备下海。

"美国岛民"号上并不缺乏"赌徒"或专家，加伊·科恩少将就是最有胆略的一个，他是美国海军研究处的主管，巴拉德的探险计划几年来一直得到了该处的大量支援。科恩的分析结论是：那颗深水炸弹的袭击并未破坏小潜艇的核心部分，于是，艇长可能重新获得"深水控制"，并径直冲向珍珠港，完成了它的任务。一旦推断成立，就意味着巴拉德将永远也找不到这艘小潜艇了。

据说，在向潜艇发动攻击几分钟后，"沃德"号发现一艘当地渔船正驶向珍珠港入口。那里严禁捕捞，要进入港内也需要申请，所以"沃德"号向渔船开炮警告。渔船船长于是打出了白旗。奥特布里奇给海岸警卫队发出信号，要求他们护送这艘渔船，他自己指挥"沃德"号返回了他负责的巡逻区。这个突发事件使得"沃德"号上的水手几乎没有时间来认真分析形势。等到北边的天空冒起冲天的火光和浓烟时，"沃德"号的水手才知道，战争爆发了。

除了小潜艇并未被摧毁的假设之外，巴拉德也提出潜艇有可能爆炸："小潜艇在 100 英尺的海底，巨大的气压足以使它爆炸，整个艇体被炸成碎片，散落在海底。"参与偷袭珍珠港的日本小潜艇只有 10 艘在成功地执行完任务后又驶回日本。

尽管有诸多假设挡在面前，探险队还是进入了最后冲刺阶段——11 月 14 日，离原计划的探险最后期限只剩 3 天时间。

美国深水工程公司提前为这次探险制造了两个只容一个人乘坐的微型潜艇"深水工人 8 号"和"深水工人 9 号"，只要工程师和焊工把它们安装好，就可以下降到水下 600 米深处，连续工作 16 个小时。

海洋生物学家埃文斯首先驾驶着其中一艘小潜艇下水，他的任务是找到那枚日本鱼雷。很快，埃文斯向水面报告，他发现了更多的残骸，而且距离鱼雷已经很近了。通过水下录像，分析员立即判断出鱼雷就是日本生产的。看到这样的结果，巴拉德也只好承认，要找到整艘潜艇已经不可能，能找到小潜艇的部分残片已经算幸运了。

最终探险队员们还是没能找到小潜艇，究竟太平洋战争开始的时间是历史书上记载的时间还是应该提前 45 分钟？是美国驱逐舰"沃德"号打响的第一炮还是日本人？也许巴拉德还会继续他的海底探险。

难解的死亡谜团

NanJieDe

SiWangMiTuan

拿破仑 FM

死亡之谜

给古人断案，是一件颇为有趣的事情。就拿一世枭雄——法国军队统帅拿破仑·波拿巴 (1769—1821) 来说，法兰西第一帝国和百日王朝皇帝，生前曾在战场上指挥千军万马，立下了赫赫战功，可谓风云一时，然而，1815 年滑铁卢战役失败后被捕，被流放到圣赫勒拿岛。1921 年 5 月 5 日下午 5 点 40 分，年仅 52 岁的拿破仑死于该岛。这样一位显赫于世的人物到人生的最后竟连怎么死的也成了一件没有定论的史事。

近一个世纪以来，世界各国舆论对拿破仑之死众说纷纭，各抒己见。据美国《百科全书》记载，拿破仑是死于胃病。中国新版《辞海》则说拿破仑"病死"。死于什么病，未加说明。在法国，有人说拿破仑死于癌症。因为他的父亲在 40 岁时患癌症离开人世，也许癌症会遗传。当时法国官方的死亡报告书鉴定为死于胃溃疡，而有人却认为他死于政治谋杀，更有人论证他是在桃色事件中被情敌所谋害。也有人说拿破仑在进攻埃及和叙利亚的时候，得了一种热带病，后来死于此病。还有人则说，拿破仑是在圣赫勒拿岛上被人毒死的……

M 1805 年为拿破仑特制的宝座

在众多的争议之中，最具有代表性的要数砒霜中毒而死和胃癌不治而死两种说法。

先看第一种砒霜中毒说。也许使你感到奇怪，查出拿破仑之死的线索，竟是他的头发！

原来，这位不可一世的统帅死后，人们想保存他的遗容，以作永久的纪念，但是因为还没有发明摄影术，人们只能靠制作脸部模型，于是，在制模型前，要把他的头发先剃光，以免头发粘连石膏。就是这个机会，一位拿破仑的侍从悄悄地取了一绺拿破仑的头发，留作纪念。

于是，英国的科学家、历史学家对拿破仑的头

阿尔卑斯山上的拿破仑雄姿

发成分及含量进行了分析。他们还实地调查了当时滑铁卢战役失败后放逐拿破仑的圣赫勒拿岛，并惊喜地发现当年囚禁拿破仑房间中的墙纸含有大量砒霜。于是，在经过周密研究后，宣布杀死拿破仑的"凶手"是砒霜。听到这个消息，人们都感到十分意外。因为，拿破仑死前并没有吃过砒霜，也没有人用砒霜谋害过他（因为食用砒霜会立即死亡，而拿破仑是在囚禁过程中生病死的），一时很难让人理解。

为了消除人们的疑虑，英国科学家做出如下解释：砒霜的学名叫三氧化二砷，是一种可以经过空气、水、食物等途径进入人体的剧毒物。当年囚禁拿破仑的房间的墙壁上正是贴着这种含有砒霜成分的墙纸。又因为囚房里十分阴暗潮湿，墙纸中的砒霜就生成了一种含有高浓度砷化物的气体，以致被关在这间屋子里的拿破仑整天呼吸着这种受到污染的空气，日积月累，年复一年，终于因慢性砷中毒而死。

这一结论与当年化验拿破仑尸体的报告相吻合。当时，发现在他的头发中，砷的含量已超过正常人的13倍。另据当年的监狱看守人记录有"拿破仑在生命的最后阶段，头发脱落，牙齿都露出了齿龈，脸色灰白，双脚浮肿，心脏剧烈跳动而死去"。这种症状与砷中毒的症状十分相似。

然而，就在人们仍然没有彻底消除疑虑的时候，法国3位权威科学家应法国《科学与生活》杂志之邀，利用同步加速器射线对拿破仑遗留下来的头发进行了细致分析，结果断定：拿破仑死于胃癌，而非有关专家推测的砒霜中毒。长达40多年的拿破仑死因之争又有了新的说法。

来自巴黎警察局毒物学实验室负责人里科代尔、巴黎原子能委员会凝聚态、原子、分子研究所专家梅耶尔和法国奥赛电磁辐射使用实验室专家舍瓦利耶便是这新死因说的提出者。他们同样也拿到了拿破仑遗留下的一些头发。据介绍，这些头发共有19绺，并且取得的时间分别在其死后和生前的两个时间点，互相之间都间隔有十多年。3位专家为了得到更具有说服力的第一手材料，他

世界军事未解之谜

拿破仑墓

位于巴黎荣军院圆顶大厦的地下墓室内。英雄在此安息，其死亡真相等待水落石出的一天。

们对每绺头发都进行了上百次的测量，对每根头发的测量间距精细到 0.5 毫米。那么结果究竟如何呢？

实验的结果向人们揭示了一个全新的世界。无论是在 1821 年拿破仑死后尸体上取下来的头发里，还是在 1805 年和 1814 年拿破仑在世时保留下来的头发里，砒霜的含量都超出正常值 5 到 33 倍。由此专家们断定，这些头发的取留时间相距 16 年，而在长达 16 年的时间里，这些头发中的砒霜含量几乎一致，并均匀分布在整根头发上，这表明头发上的砒霜不是拿破仑摄食到体内的，它们来自外部环境，所以，拿破仑不是死于砒霜中毒。

那么，拿破仑头发中的砒霜又是从哪来的呢？对此，专家们推测木材取暖、放置老鼠药、摆弄含砒霜的子弹等都可能是砒霜的来源，而最可能的是来自某种防腐剂，因为在 19 世纪时，法国非常流行用砒霜保存头发。

3 位英国专家的分析头头是道，那么究竟是当年的根据尸体解剖和临床症状得到的死于胃癌并发症的结论正确呢，还是死于砒霜中毒的结论对呢？ 至今仍难以定论。

圣赫勒拿岛位置图

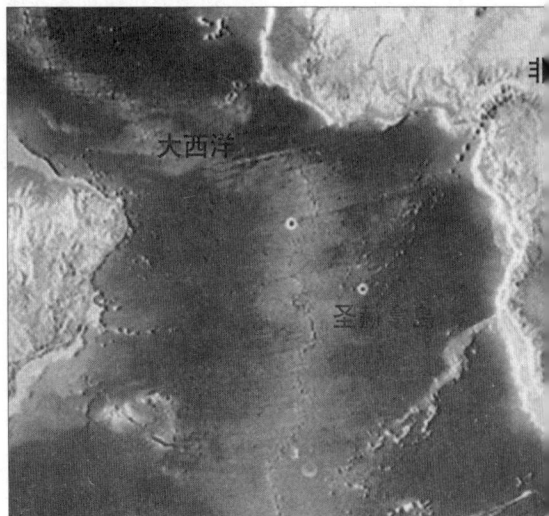

墨索里尼 M

的尸骨是怎样走向坟墓的？

众所周知，臭名昭著的意大利纳粹独裁者墨索里尼生前暴虐天下，因罪恶累累被处死。但墨索里尼死后围绕他的尸骨发生的一连串怪事却鲜为人知。

墨索里尼作为意大利法西斯主义的创立者和领导人受到人们格外的追捧。他体格健壮、言语激烈，在当时很多人眼里，单从外表上看，他是个典型的男子汉。正是墨索里尼自身这种特殊的感染力给予于法西斯主义极大的推动力。就他第一次世界大战期间负伤所得的那块伤疤来说，很多人甚至把他当成"民族英雄"，俯首帖耳，也为他捞取了不少好处和政治资本。从那时候起，墨索里尼的身体就已经不是单纯的一具普通的躯体了，而具有了某种图腾的精神效用。

一战结束的时候，正是意大利政坛一片混乱的阶段，墨索里尼此时与反对他的人展开了激烈的政治较量，他那块标志着"民族英雄"的伤疤再次将他推至风口浪尖，成为很多人心中的偶像。等到意大利法西斯政权建立后，成千上万的雕像仿佛在一夜之间在意大利各个城市竖立起来，各种海报、电影和报纸也频频出现墨索里尼刮得铁青的脸以

M 墨索里尼在一次群众集会上发表讲话，鼓吹战争。

世界军事未解之谜

及裸露着厚实肌肉的胸膛，墨索里尼的身体成了他进行统治的法宝。墨索里尼本人也狂热地认为，他具有不可估量的"人格魅力"，这使得他的政权更具"吸引力与感召力"。

这也注定了墨索里尼在死后，他的尸体也依然不会失去这种魔力，而对于那些反对他的对手来说，墨索里尼的尸体就成为他们最大的敌人。意大利左翼力量发誓要让墨索里尼的身体从这个地球上消失，只有这样整个意大利法西斯政权才会土崩瓦解。

1943年7月，墨索里尼被他自己的"法西斯大委员会"赶下了台。这一来，墨索里尼的对手终于可以大胆地对这个独裁者的雕像发泄愤怒了。无数张画有墨索里尼的海报

或是报纸被烧毁或是撕烂,许多墨索里尼的雕像被扔在大街上,任人践踏。

墨索里尼是 1945 年 4 月在科莫湖附近被处死的,有关他的死说法经常充满各种争议和传奇色彩。当时,墨索里尼在科莫湖边的小镇栋戈被意大利共产党逮捕时正准备化装成德国士兵逃走,与他一同被捕的还有他的情妇克拉雷蒂·佩塔西。第二天,墨索里尼被执行枪决,但到底是谁执行枪决的确是绝对的秘密。后来,意共披露说,执行枪决的人是沃尔特·奥迪西奥,他是当时意共的指挥官,后来成为议会助理。但对于官方这一说法,许多人都持怀疑态度,此后,关于墨索里尼之死的传闻越传越离谱。

之后,墨索里尼的尸体被运到了米兰的洛雷托广场,愤怒的人群将他和他的情妇以及一些追随者的尸体倒挂在一座车库的大梁上,把满腔怒火都发泄在了这些尸体上,往上面吐唾沫,用脚踢打,甚至向尸体上开枪。那些血迹斑斑的尸体最后都被掩埋了。

1946 年 4 月 22 日,米兰圣维托雷监狱发生叛乱,原本墨索里尼的尸体安放在米兰穆索科区墓地一处无名坟墓里,这一晚却突然消失了。墨索里尼的尸体安放地点一直是保密的,但是仅仅在他死后一年,这位法西斯独裁者的尸体就被偷偷挖走了!这一消息令整个意大利震惊了。

这一行为带有明显的政治目的,因为尸体丢失的当晚正是世界各国庆祝打败法西斯一周年的前夜,这一猜测很快就被证实,的确是法西斯分子偷走了墨索里尼的尸体。他们不仅重新修了坟,还在墓碑上写着:亲爱的领袖,你将永远与我们同在。

法西斯分子一方面是挑衅,另一方面是试图让墨索里尼永远活在他们心中。

墨索里尼的尸体被偷之所以会引起巨大的震惊,是因为他生前曾被众人吹捧的身体不论对于他的支持者还是对于他的反对者来说都是一个强有力

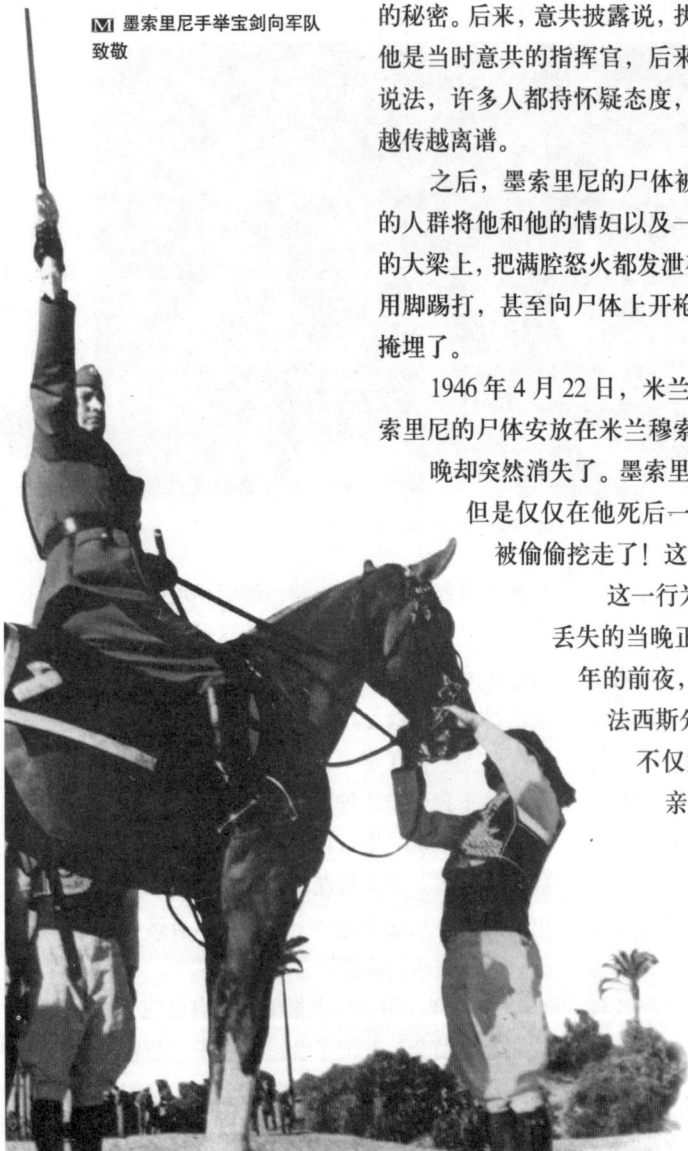

Ⅳ 墨索里尼手举宝剑向军队致敬

墨索里尼的最后岁月

这位曾经不可一世的纳粹战犯死后尸骨难全，莫非是其作恶多端的应有下场？

的象征。对于法西斯主义者来说，墨索里尼的尸体应该得到保护与尊重。可是对那些深受法西斯之害的人来说，墨索里尼身体的神话只不过是以法西斯主义为基础的一种狂热崇拜，他们需要做的就是将愤怒发泄在这具尸体上。

在墨索里尼的尸体被盗之后很多种版本的猜测也随之出现：被带到罗马？流失国外？在墨索里尼的出生地？虽然这些说法在一段时间内没有一个得到证实。

4个月后， 1946年8月，在米兰郊外一个小镇的箱子里，意大利人终于找到了被盗走的墨索里尼的尸骨。在接下来的16个星期里，墨索里尼的尸体一会儿被放在一座别墅里，不久又被移进一个修道院，很快又被放到一个女修道院里，一直被移来移去。

此后，一项要求将墨索里尼入土为安的请愿活动由一个亲法西斯的政党和莱奇西等发起。阿多内－佐利作为当时的意大利总理正在争取议会中极右势力的支持，因此他便向墨索里尼遗孀承诺，一定将她丈夫的尸体运回他的故乡。

1957年，他的尸体终于被运到他的出

生地埃米利亚的普雷达皮奥下葬，这已经是墨索里尼死后的第12年了。这个小镇于是成为左翼青年与法西斯分子的战场，一些小商贩则在墓地附近向游客兜售与墨索里尼有关的纪念品。墨索里尼的遗孀拉凯拉－墨索里尼后来也搬到了普雷达皮奥。

经过一次次的波折，墨索里尼似乎可以"安息"了，可关于他的尸骨的故事并没有到此结束。1966年3月，美国一名外交人员前往普雷达皮奥拜访了拉凯拉。这名外交官带来一个皮包，里面除一个小容器外，还装有一个黄色信封。容器里装的是墨索里尼大脑的一部分，这是美国人在1945年时取去用于"实验"的，信封里则有一张小纸条，上面写着：墨索里尼，大脑切片。拉凯拉后来把墨索里尼的这部分大脑装进一个盒子里，放在他的坟墓上。在被处死20多年后，墨索里尼的尸骨终于集中了起来，但是他的尸体真的已经完全汇集到一起了吗？这将是个永远留下的谜。

世界军事未解之谜

"领袖"的悲剧性结局，右边是他的情人克拉雷蒂。

希特勒

生死之谜

1945 年 4 月 30 日，战败的纳粹元首希特勒与情妇爱娃·布劳恩在柏林总理府的一间地下室中双双自杀身亡。然而就在纳粹帝国的最后一段日子，希特勒并不甘心就此失败，他曾经秘密策划了一个大胆的"格陵兰逃亡行动"。

一名参与当年逃亡计划的前德军研究人员向媒体披露了纳粹"格陵兰逃亡计划"的一些鲜为人知的内幕。现年 93 岁的厄内斯特·科尼格曾是二战时期德国先进水上飞机的研究人员和驾驶员，他之所以对纳粹元首试图在二战末期通过水上飞机出逃格陵兰的计划了如指掌，是因为他曾亲自参与纳粹大型水上飞机的研究和制造。在一些英国朋友的劝说下，科尼格终于把这个本打算保留到自己死去的秘密大逃亡计划公之于众。

1945 年 4 月初，科尼格接获命令，要求他们准备两架 BV-222 水上飞机，并做好长途飞行的准备，据说乘坐飞机的将是元首和其他 30 多名纳粹高官。随后，特拉沃明德市的港口码头源源不断的有大量雪地设备包括雪橇、帐篷和食品等都被送来。

事后，科尼格才知道这次帮助纳粹高官出逃的计划被称作"格陵兰行动"，包括希特勒以及德国空军元帅戈林、纳粹党卫军首脑希姆莱、德国海军总司令、希特勒的继承人卡尔·德尼茨上将等纳粹高级官员都将乘坐飞机撤退到北极的格陵兰岛。

"格陵兰行动"计划出发点定在德国基尔市一港口，逃亡的纳粹高官将在那里乘水上飞机飞往丹麦格陵兰岛。但事情并不像事先想象的那么顺利，在二战的最后几周，柏林被苏军重重围困，希特勒的私人秘书和副手马丁·波曼则在试图逃离柏林时死于非命。由于根本无法脱身，于是希特勒决定自己不参加"格陵兰逃亡行动"，留在柏林。

1945 年 4 月 22 日，歇斯底里的希特勒宣称自己将随第三帝国一起而亡，德国已经输掉了这场战争，他还告诉残余的纳粹

M 战争末期的希特勒

1945 年初，几乎绝望的希特勒离开了位于东普鲁士拉斯坦堡的司令部。

M 检阅童子军

　　希特勒仍然认为自己命中注定得胜，不但不肯投降，反而在战争的最后阶段命令年轻人上前线。

高级官员各自逃生。不久，当希特勒自杀的消息传出后，最后一架已经装备好的 BV-222 水上飞机在特拉沃明德市被研究人员炸毁，至此逃亡计划彻底失败。

　　到了 1945 年 5 月 4 日，苏联侦察员在帝国总理府花园的一个弹坑里发现了两具焦尸，推测为希特勒和埃娃。然而，斯大林并不认为希特勒已经死了，只是隐匿起来了。但是，多方证据显示，希特勒的确是消失了。

　　直至 1956 年，德国行政民事法庭的审判官们在听了 48 名证人的证词后认定：1889 年出生的阿道夫·希特勒公民已不在人世。但是，在开庭的时候许多重要证人都没有出庭，很多极其重要的文件也没有举证，而当初给希特勒做过假牙的牙医和他的助手这两个极其关键的证人也都在事后翻了供，称并不能确定焦尸身上的假牙一定是希特勒的。

　　有关假牙的认定，在 1945 年时，苏联军官把希特勒的颅骨给牙医看，他说自己认得给希特勒做过的那几颗假牙。但是，到了 1972 年他却推翻了这个说法。说并不能肯定

那一定就是希特勒的颅骨；他的助手也发表了同样的言论。两个关键证人的翻供彻底否定了先前的结论，因为，当初苏联尸检专家鉴定的依据恰恰就是他俩的证言。

　　此外，希特勒开枪自尽时在沙发上留下的血迹经过鉴定证明并不是血，只是色泽相像的液体。就连被认为是希特勒的那具焦尸上的血型也和希特勒本人的血型不符。当时还有一个流行的说法：1945 年 4 月 30 日希特勒在对太阳穴开枪前曾服毒，但在尸体鉴定时，并未发现服毒痕迹，焦尸的大脑内也

M 1945 年 5 月德国纳粹在投降书上签字

未发现弹痕。

种种迹象表明，希特勒根本不是自杀死在地下室，那具烧焦的尸体根本就是替身。

既然希特勒没有自杀，为什么埃娃却服毒了？看来是为了让这幕戏演得更逼真些。希特勒的副官京舍的证言说他曾下令让警卫离开通向希特勒套间的房舍。希特勒在隔壁换了装，改变了外貌，不该知道这一秘密的人，事先都已经被清理出地堡。

众所周知，4月30日午夜4万多人逃出帝国总理府防空洞，夹在人群中希特勒很容易就能混出去。那时候，柏林和德国到处是无家可归的人，希特勒也可以不费吹灰之力就消失在人流中。

希特勒警卫队成员凯尔瑙在事后供称，5月1日他见到过希特勒。此外，外国报刊战后也立即出现了有关希特勒撤到阿根廷（或巴拉圭、西班牙、爱尔兰）的报道，只是并没有确凿的证据罢了。还有一个更加关键的证据出现在丹麦的北海海滨，一只密封的玻璃瓶里面装着一名德国潜艇水兵的信，信中说潜艇撞上了沉船，破了个大洞，部分艇员逃生，希特勒就在这艘潜艇上，但他在艇尾紧闭的舱内，无法脱身。这意味着，希特勒并未

M 检查爱娃房间
盟军工作人员在搜查爱娃房间时，发现了希特勒的这件外套。

自杀死在地下室，而是死在沉没的潜艇中。

如今，帝国总理府花园内发现的尸首也已无法重新鉴别了，因为1970年，在苏联克格勃主席安德罗波夫的命令下，那些尸体已经被挖出并彻底焚毁，骨灰随后抛入河中，焚毁的全过程保存着完整的记录。

希特勒死在地下室还是潜水艇？是和情人一起自杀还是逃亡途中遇难？也许谁都没有百分之百的证据，二战历史中有关希特勒末日这段记载远远没有画上句号。希特勒的生命结束得极其阴暗，落得死无葬身之地的下场。这也许是一切独裁者应有的结局。

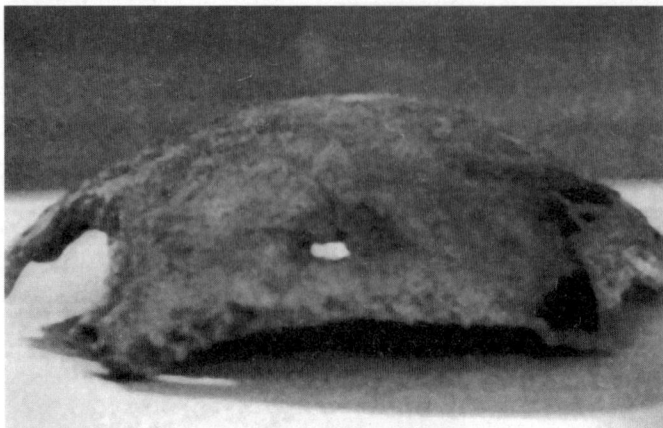

M 希特勒有弹孔的头骨
这似乎可以证明希特勒的确自杀了，然而其他种种有根有据的传闻又如何解释呢？

巴顿将军 车祸身亡 之谜

1945 年 12 月 9 日，美国陆军四星上将乔治·巴顿，在德国曼海姆附近遭遇车祸。将军不幸身受重伤，抢救无效，于 12 月 21 日在海德堡医院不治身亡。

巴顿将军在第二次世界大战中威名远扬，号称"血胆老将"。他于 1885 年出生于美国一个军人世家，先后在弗吉尼亚军校、西点军校、顿利堡骑兵学院及轻装甲部队学院接受军事训练，为日后成为一名优秀的将军打下了良好的基础。在第一次世界大战爆发后，巴顿曾经奔赴欧洲参与作战，并在指挥坦克作战方面显示了出色的才能。第二次世界大战爆发后，他被任命为美国第二装甲军团司令，更是驰骋沙场，战功赫赫，屡次创下辉煌战绩。在战场上他最有特点的话语是"混蛋，你们的刺刀应毫不犹豫地刺向那些杂种的胸膛！"正是由于他的勇猛神武，1945 年 4 月，美国军方授予他四星上将的军衔。

世界军事未解之谜

M 巴顿将军像

然而又有谁能料到，这么一位久经沙场的老将，居然会在战争结束后不久就死于车祸？本该躺在战功簿上安享成果的巴顿将军，却在被授予军衔的 4 个月后倒在了另一个战场上。

1945 年 12 月 9 日清晨，住在德国曼海姆的巴顿将军和盖伊上将相约去打猎，第二天一早，他就将搭乘艾森豪威尔将军的专机离开，他的司机霍雷斯·伍德林开着一辆超长豪华卡迪拉克送他们去。据说事发当日，巴顿将军乘坐的轿车刚好遇上火车过道口，等火车驶过，司机注意到离火车道只 600 码处停着两辆大卡车。当轿车开始向前慢慢行驶时，一辆卡车也从路边开过来，向着巴顿将军的轿车慢慢驶来，同时另一辆卡车也由相反方向驶近。情急之下，巴顿将军的司机迅速踩下刹车。但是事故还是发生了，卡迪拉克重重地撞在了卡车右边的底盘上，被撞出 10 英尺开外。巴顿将军被惯性向前甩去，头部重

重地撞在司机席后面的围栏上，脊柱完全裂开，眉骨上方的头皮也被隔板玻璃撞成三英寸的伤口。

1个小时后，巴顿将军躺在海德堡医院的病床上，他的头脑还比较清醒，但是四肢不能动，脖子以下没有知觉。医生诊断说，他脊柱严重错位，头骨也受了重伤。经过精心救治，巴顿将军的病情开始好转，他的一条胳膊变得有力，另一条腿也有了些微弱的知觉。医生们开始认为他已经脱离了危险，可是就在12月20日下午，巴顿将军的病情突然急转直下。12月21日清晨5时55分，他终因血栓和心肌梗死而停止了呼吸。

巴顿将军死后，留给我们的是一个谜。车祸发生时轿车里坐的共有三人，为什么只有巴顿将军受重伤，而其他二人则毫发无损呢？案发后肇事司机竟能溜掉，也令人不可思议。车祸后赶来的宪兵们对现场进行的例行调查也极为马虎草率，甚至没有留下任何官方记录。以至于日后当人们查起巴顿的情况时，除了军方履历表外，其他方面居然是一片空白。而履历中虽有他在服役期间的全部

Ⓜ 欧洲战场上的巴顿将军（左）与布雷德利将军、蒙哥马利将军讨论作战问题。

Ⓜ 巴顿将军指挥的钢铁雄师在北非战场上大显神威，并在以后的解放巴黎的战役中发挥了巨大的作用。

西西里岛上的巴顿将军

　　1943 年，巴顿指挥他的军队在极度恶劣的条件下登陆西西里岛，进而解放了意大利。

文献，却唯独少了他遇难情况的有关材料。

　　这些疑点似乎都表明，巴顿将军之死并非单纯因为一场偶然发生的车祸，实际上有可能是有人蓄意制造谋杀。可是究竟是谁是幕后指使？他为什么要策划这起谋杀呢？

　　有人认为，巴顿将军的死可能与"奥吉的黄金案"有关。"奥吉的黄金"是二战中纳粹埋藏的一批黄金，据说当时被美军一些高级将领发现了，他们没有上缴给国库，而是私下里瓜分了。事情发生后不久，巴顿将军就被政府指派去调查这个案子。雷厉风行的巴顿将军很重视这件黄金被窃案，调查得非常认真，进展迅速。可是就在案情快要大白于天下的时候，巴顿突然遇车祸身亡了。这个时间上的巧合不能不让人产生怀疑，也许是那些人害怕事情败露而先下了毒手。

　　也有人说，巴顿将军的死是他的上司精心策划的阴谋。因为据说在二战结束以后，巴顿一直有亲德倾向，他曾公开批评盟军的"非纳粹化政策"，并在新闻记者们面前把纳粹分子和非纳粹分子的斗争，不恰当地比喻成美国民主党与共和党之争。后来据说他又在考虑要扶植德国几个未受损失的党卫军部队，然后挑起一场对苏联的战争。

　　据此，一些美国历史学家们甚至提出很具体的假设，即这位上司就是艾森豪威尔将军。他们认为，众所周知，艾森豪威尔将军与巴顿将军不和的传闻由来已久，巴顿将军在二战后采取的一些行为无疑与艾森豪威尔的主张大相径庭。艾森豪威尔对此非常不满，为了拔除这个处处和自己做对的眼中钉，很有可能派人除掉巴顿。

　　如果巴顿将军的车祸真的是一场有预谋的事件，那么究竟是由于什么原因，是谁在幕后策划，恐怕只能等车祸参与者本人坦白才能弄清吧！

世界军事未解之谜

戈林

自杀之谜

1945 年 11 月 20 日，纽伦堡国际军事法庭开始对戈林进行审判。法庭在对戈林的死刑判决书中说："戈林是第二次世界大战的策划者之一，是仅次于希特勒的人物，他集所有被告的罪恶活动于一身。"在 20 世纪爆发的两次世界大战，给世界造成了无尽的灾难；而这两次罪恶的大战都是由德国挑起的。在法西斯纳粹德国，紧紧追随希特勒并助纣为虐，成为嚣张一时的乱世枭雄，这位一人之下、万人之上的显赫人物就是大名鼎鼎的纳粹德国帝国元帅——赫尔曼·戈林。

1946 年 10 月 15 日夜，就在即将被处以绞刑的 75 分钟之前，戈林竟然神奇般地在严密看守的死牢中服毒自杀，逃避了正义的处决。

有关赫尔曼·戈林自杀的具体细节，已消失在历史的迷雾中，或者已带到坟墓里无记载可查了。随着柏林资料中心有关戈林自杀时未公布的调查委员会的绝密报告、现场证人的证词、医疗报告、戈林自杀留言的原文等绝密档案的逐步公开，戈林自杀之谜再次浮现在人们视线之中。

戈林在整个关押期间一直把氰化钾胶囊放置于牢房是不可置信地。根据采访看守人和对监狱记录的检查，牢房和衣物是经常搜查的。约翰·韦斯特少尉在 1946 年 10 月 14 日，

戈林演说

即戈林死的前一天，就搜查了戈林的牢房和他的私人物品。因此，装氰化钾的胶囊起先是随戈林的行李进入监狱这一点应该是毫无疑问的。因为，行李间是唯一没有被彻底搜查过的角落，并且调查人员在戈林自杀后也确实在他的遗物里找到了另一个氰化钾胶囊。

尽管监狱记录显示戈林并未请求去行李间取东西，但是他曾经送给惠利斯中尉一份礼物以及送给他的律师奥托·斯塔马尔的蓝色公文包恰恰证明他行李中的物品曾经不止一次地被取走，而取走这些物品的人不是像惠利斯这样握有行李间钥匙的监狱军官，就是戈林自己在未按来访要求登记的规定的情况下获准进入行李间而拿到自己行李中的物品的。

这种推测在本·E.斯韦林根写的《赫尔曼·戈林自杀之谜》一书中得到了肯定。该书是迄今为止对这问题最透彻的研究，这位作者的结论是，戈林曾提出条件让一位监狱工作人员——最大的可能性是惠利斯——

图中手持鲜花者是格林的新婚妻子埃米·格林

为他从行李间取出物品或行李。在临死前的几个小时，戈林取出了隐藏的胶囊，做好了服毒的准备。另一种可能，就是他本人被获准进入行李间，而且批准其进入行李间的最有可能的人还是惠利斯。

戈林的妻子埃米·戈林在随后有关她丈夫是如何得到胶囊的言论，帮助不大，而且不能令人信服。她说1946年10月7日她最后一次探视戈林，那时候她曾问丈夫还有没有胶囊，戈林说没有。从那以后她便再也没有见过戈林，也没再跟他说过话。然而，戈林自杀后，她却立刻公开发言，"此事一定是一位美国朋友所为"。这其中难免让人怀疑藏有什么不可告人的秘密。直到28年后，她又对德美起诉团的一位成员提起，当年确实是一位未留名的朋友把毒药递给了她丈夫。又过了不久，埃米·戈林的女儿埃达也出面表示有人曾经帮助

世界军事未解之谜

过她父亲。到了 1991 年，更传出消息说戈林的侄子克劳斯·里格尔承认，是惠利斯中尉把毒药给了戈林。所有的言论都有可能是真的，但又全都无法证实。

戈林的女儿或戈林的侄子在戈林死时还不到 10 岁，因此他们对所发生的一切做出的表态没有多大的可信度。而那些戈林当年的并仍能活着讲述的狱友们——斯佩尔、弗里奇、弗鲁克——如果他们知情的话，为什么在他们后来撰写的纽伦堡经历的著述中却无一例外地略去了这部分具有轰动效应的，也是作为畅销书最重要的卖点的东西呢？

还有一个疑点就是，戈林为什么在其自杀留言上注明日期为 1946 年 10 月 14 日，至今仍是个谜。这日期不可能是正确的。戈林若将这些吐露他打算自杀的留言保存在他身边达 5 天之久，未免太粗心大意了。在其中的两封信中，他提到他向盟国管制委员会的申诉被拒，而这一消息直到 10 月 13 日他才听说。显然，留言中的日期与自杀前几天内曾经发生的事情在时间上发生了矛盾。

近年来，对戈林自杀之谜又有了一连串新的解释：毒药是藏在他的陶土制的烟斗里的，在处决他那天夜里把它剖开，将毒药藏在肚脐里，还有一些更离奇的方法。显然，那个吞下了毒药的人，不仅把他的秘密带进了坟墓，而且身后还发表暧昧的错误消息。要找到不容争辩的事实真相的一切努力都将是白费功夫。

Ｍ 临刑前牧师与戈林会谈
此时的戈林已有自杀的准备吗？

川岛芳子

死刑之谜

川岛芳子像

有着双重国籍的日本间谍川岛芳子在中国可谓大名鼎鼎，直到1945年10月10日，她才在北京九条胡同34号被捕，但是，令人惊讶的是直到被捕的那一刻她才明白身边的家仆原来是重庆国民党派来的中统密探，自己是被出卖了。1947年2月8日，审判川岛芳子，同年10月22日她被宣判为死刑。

1906年川岛芳子生于北京，她是清王室肃亲王善耆的第十四个女儿，纯正的满族血统，而且还有个好听的满族名字金碧辉。1913年也就是她6岁那年，父母把她过继给了父亲的盟兄、日本浪人川岛浪速，随后川岛芳子就跟随养父东渡日本，到了那里以后就改名叫川岛芳子了。

那时候政治联姻非常盛行，21岁的川岛芳子与蒙古独立运动主将、巴布扎布的长子、日本陆军士官学校毕业的甘珠儿扎布结为夫妇，并在中国旅顺度蜜月。她在中国的活动为日本提供了多次巨大的帮助，也为她自己赢得了殊荣。川岛芳子能说一口流利的英、法、日语及广东、上海、北京方言，甚至有"男丽人"、"金司令"的美誉，她还是"大东亚共荣圈"的活跃分子。

1945年日本投降后，第二次世界大战落下帷幕。全国被划为12个战区，国民党派徐永昌、商震受降，全国上下处于一种混乱之中，于是，对战犯、汉奸也就无暇顾及。等到失地光复后，全中国人的民族仇、亡国恨都不可避免地全记在战犯和汉奸的账上，比如东条英机、土肥原、冈村宁次等人，大家盼着赶快惩办这些战争罪犯。又如大汉奸陈公博、储民谊、周佛海、王揖唐等人枪毙了没有，是否得到了应有的报应。一时间人们议论纷纷，这时对女间谍川岛芳子的关注也集中起来。

在各种压力下川岛被逮捕。之后，她先被关押在北京孙连仲十一战区司令部仓库内，后又转至北新桥炮局子胡同前日本陆军狱内，不久又转到宣武门外第一监狱女监三号，每月审一次，但是全都是不公开的审问。

直到那年北京的深秋季节才开始公审川岛芳子，《民国日报》等报刊也分别刊登了

世界军事未解之谜

公审川岛芳子的消息，出于好奇心人们如潮水般地涌向法院，热闹的人群把法院挤得水泄不通，宪兵苦苦在门口阻拦骚动的人群。上午9时，法官宣布开庭，法警拨开人群，将穿着白绒运动衣的川岛芳子带入法庭，法庭里人声鼎沸、影机转动。皮肤细白，身体矮胖的川岛看了一下旁听席后，坐在被告席面对法官，接着法官起诉，大意是：金碧辉，中国人，同日本勾结指挥满洲国军，日华事变中为在中国建伪政权，拉拢汪精卫并为日本当间谍，要求判死刑并出示三件证物。法官读诉后，川岛芳子进行了驳诉，并申述了己见。1947年10月22日被判处死刑。

1948年3月26日各报都突出报道了大名鼎鼎的日本密探金碧辉被处死刑的消息。闻讯赶到的记者们为了拍到行刑现场，半夜就到第一监狱等待。到了凌晨4点，监狱门才打开，但是，只允许三个外国记者入内采访拍照。中午时分川岛芳子的遗体从狱里抬出，人们揭开席看时，只见她蓬头散发，脸、脖子全涂有污泥，不像是川岛芳子，但是，很快就交日本和尚大川长老火化了。于是，

无线电收发报机
川岛芳子曾用它将大量情报给了日本人。

肃亲王善耆
川岛芳子的父亲，他灌输给川岛芳子复辟清朝的顽固思想。

群众纷纷向法院、报社质问：为何审问时拍纪录片，行刑神秘？为何只许外国记者入内？而中国记者被赶出现场？为何将面部搞成血泥难辨？为何行刑后封闭现场？在人们的责问声中，监狱一位女看守向人们展示了川岛行刑后的照片算作了交代，但这些做法，并没有消除人们对川岛芳子神秘之死的疑问。

不久，关于处死川岛芳子的事情就传出了很多种说法。有人说，是用了偷梁换柱的办法，花了10根金条买通第一监狱女囚犯刘凤玲当替死鬼。还有人说：川岛在上海进行间谍活动时，暴露身份被捕，是汪精卫找了个替身放了她。其他的说法是她从外蒙跑到苏联去或是被美国人带走了等等。

唯一可靠的是川岛的亲哥哥宪立的说法，他说：肃亲王在蒙古和苏联交界处有领地，芳子处刑时间过后，从肃亲王领地有人送信说，川岛芳子已平安到达，准备去北国。这就是说，川岛芳子不但没死，而且逃到不知是哪个"北国"避难去了。

川岛芳子天生丽质，但不幸的是误入歧途，最终以卖国、投敌、汉奸罪被钉在历史的耻辱柱上。尽管48年过去了，川岛之死至今仍然是个谜。

"死亡天使"门格尔

M 集中营里绞刑架上的尸体

提起门格尔这个名字,能让二战时期的犹太人不寒而栗,然而,犹太人的屠夫——"死亡天使"门格尔在二战后却逍遥法外,未受到应有的惩处,这是为什么呢?他最后的结局又如何呢?

在第二次世界大战中,门格尔是惨绝人寰的灭绝犹太种族的计划的策划和实施人。1939年9月德国占领波兰后,在奥地利骑兵营房的基础上建立了最大的屠杀无辜平民和战俘的集中营——奥斯维辛集中营。门格尔把无数的犹太人送进奥斯威辛集中营的

世界军事未解之谜

军火公司和德国法西斯的工厂,失去利用价值的犹太人后被关进毒气室,焚尸灭迹;还有数以万计的犹太人被送入纳粹的医学实验室,进行毫无人性的医学试验。战争结束后,国际法庭在审判法西斯德国战犯时,认为门格尔的罪行是直接参与屠杀40万犹太人的计划,被定为纳粹战犯。

秘密档案清楚地表明:1949年5月20日门格尔搭乘"菲利帕"号客轮到达布宜诺斯艾利斯。他的身份是国际红十字会

M 布痕瓦尔德集中营
德国居民在运尸车前目瞪口呆

1955 年阿根廷政变中的军队

成员，他化名烟格雷格·海尔穆特。

　　1955 年阿根廷国内发生了军事政变，推翻了执政 9 年之久的正义党庇隆政府，右翼军政府执掌政权。一年以后，门格尔地下活动转为公开，大模大样地进入了联邦德国驻阿根廷的使馆，大使馆发给了他正式身份证，在身份证上清楚地记载着他自己的本来的名字、出生地和出生年月，他堂而皇之地以"制造商"自居，娶了一个德国女子玛丽亚·玛塔·维尔。因为他有德国大使馆签发的正式身份证明，阿根廷军政府即刻为他办理了在阿根廷定居的所有合法手续，门格尔以原来的身份在阿根廷的各种社会场合频繁露面。

　　据档案材料看，国际刑警组织曾多次向阿根廷政府提出要求，催促阿根廷警方协助国际刑警组织调查门格尔的活动。在国际刑警组织多次要求下，阿根廷警方无可奈何地着手调查，但这种调查纯粹是官样文章式的应付而已，在阿根廷政府的袒护和支持下。1959 年，门格尔居然公开地以自己真实的面貌堂而皇之地回到德国，参加他父亲的葬礼。

　　国际舆论纷纷谴责阿根廷的不义之举。1963 年阿根廷政府被迫同意协助国际社会调查。门格尔获悉后，马上离开了自己在阿根廷的医疗诊所，出逃到巴拉圭。不久，他又潜逃到巴西。从此门格尔在世界舆论中消失；1979年新闻界发布了门格尔在巴西海滨"溺水而亡"的消息。

但国际舆论普遍怀疑这一报道的真实性，认为像门格尔这样的人，不会这么容易地死掉，部分人认为这是他制造迷雾，以便世人淡忘他。不少人还坚信，门格尔甚至现在仍在南美洲的某个偏僻地方隐居，也有可能仍在巴西。

阿根廷政府为什么会庇护门格尔？门格尔究竟有没有死去？这些我们都不得而知，但犹太人真正希望的是这位"死亡天使"的结局是"死亡"，而不会变成"天使"。

◪ 纳粹战犯阿道夫·艾希曼
他被控参与希特勒灭绝犹太人的"最后解决"方案，被处以死刑。但同样双手沾满鲜血的门格尔至今不知所终。

世界军事未解之谜

◪ 集中营的幸存者
这一位奥斯维辛集中营的幸存者发誓，其毕生目标将为查在逃的纳粹战犯而努力。

诡异的谍海惊涛

GuiYiDe

DieHaiJingTao

风流女谍

的悲剧人生

　　玛塔·哈里是谁？长期以来，她一向被人们贬抑为 20 世纪的女妖。玛塔·哈里是第一次世界大战期间著名的女间谍，1917 年在巴黎被处决，结束了她 42 年的间谍生涯。她的名字在间谍小说中已经成为以美貌勾引男子、刺探军事秘密的女间谍的代名词。有关她的传闻充满阴谋、淫欲。荷兰北部小城吕伐登是她的家乡，不久前因为给她建博物馆引起很多争议。对于这位裸体舞女兼间谍，吕伐登的居民为她感到耻辱，因而起初不愿为她建造博物馆。玛塔·哈里基金会做了大量的工作，终于说服了市民。基金会的人士认为，无论如何，玛塔·哈里毕竟也算是个人物，是位独立的女性和敢于向当时的制度挑战的女权主义者，像她这样有影响的女性在荷兰尚屈指可数。基金会希望博物馆能为吕伐登扬名，并从前来参观的游客身上获取可观的收入。

　　博物馆位于吕伐登一条小街的尽头，将展示大量实物，包括玛塔·哈里的充满激情的情书、绚丽多彩的舞台服装、光彩耀目的珠宝首饰、姿态各异的裸体照片和她被捕后写的一份自述。那么，玛塔·哈里真的是天生淫荡、阴险吗？她充满悲剧的传奇人生发人深思……

　　1903 年，舞娘玛塔·哈里出现在巴黎，她专门跳印度婆罗门神婆舞蹈，并在这个欧洲享乐天堂中引起不小的轰动。这位东方舞娘的身世很离奇：她出生在印度南部马拉巴尔角，是一位印度活佛与神庙中的舞娘所生。一出生，母亲就死了，她被几名神庙祭司收养。从会走路起，就被强迫学习祭祀神舞。

　　"玛塔·哈里"在爪哇语中意为"清晨的明眸"。她的身世富有东方传奇色彩，而且舞姿性感、撩人，这一切使她在巴黎迅速

走红。同时，凭借独到的奉承男人的本领，她很快成为巴黎社交界红得发紫的高级交际花。姣好的容貌、机敏的头脑，令无数男人都拜倒在她的石榴裙下。

事实上，玛塔·哈里不是什么印度活佛与神庙中的舞娘的女儿，她的原名是玛格丽特·格特鲁德·泽勒，出生于默默无闻的荷兰北部吕伐登小城，吕伐登是一个以养牛和制酪为主的小城，古朴自然，幽静和谐。父亲是一家帽子店老板。这个未来名震欧洲的交际花直到 15 岁之前，在吕伐登度过了天真烂漫的童年，出落成一位出众的美人。15 岁时，玛格丽特被送入师范寄宿学校，道貌岸然的校长强暴了她，后来她也成了教师们的玩物。玛格丽特无法忍受屈辱的生活，急于摆脱困境。于是，与荷兰皇家东印度军的鲁道夫·里奥德上尉结婚。天真的姑娘不知道里奥德上尉是个彻头彻尾的赌棍、酒鬼和好色之徒，从此走入了地狱般的婚姻。1902 年 8 月，她与丈夫正式离婚，结束了 8 年的痛苦婚姻。1903 年，玛塔·哈里只身来到法国，定居巴黎，踏上冒险的生活之旅。

1896 年，她随丈夫来到印度尼西亚爪哇岛后，曾经私下秘密学习那种令她着迷的印度神婆舞蹈。到了巴黎，这种技能终于派上了用场，玛塔·哈里神秘的东方舞蹈使她获得了巨大成功并开始到各国巡演。借演出的机会，她结识了许多高级德国军官，于是她总是不断地能够得知一些国家机密。起初，他们是酒后无意中说的，后来，出于好奇，玛塔·哈里开始主动套取重要情报，她意识到自己手中掌握的这些情报价值连城。

M 国际刑警组织长官，来自苏格兰的贝斯汤姆森先生于 1916 年审讯了玛塔·哈里。

M 死刑执行队

1917 年 7 月 25 日，玛塔·哈里被判处死刑，在 8 月 15 日，面对死刑执行者们，她表现出了冷静和对死的无比勇气。

世界军事未解之谜

1915 年，玛塔·哈里正式成为德国情报机关的间谍，并以巡演为掩护，被派遣到西班牙搜集情报。她的到来，令西班牙人痴狂，与社会名流们打得火热。于是，有关西班牙各方面的情报被源源不断发往柏林。可是好景不长，英国情报部门的密探开始跟踪玛塔·哈里，她与德国间谍机构的联系被英国情报部门通报给法国反间谍机构。

发觉被跟踪后，玛塔·哈里回到法国并设法与法国间谍头目拉杜见了面。她说自己可以为法国搞到德国的机密情报。但是，拉杜只是表面上同意了她的提议，仍然把她送到了中立国西班牙。此时正值第一次世界大战，拉杜的目的是通过玛塔·哈里将假情报输送给德国。

由此，她被法国利用，成了一名双料间谍。但是，后来法国因为一封莫名其妙的电报认定玛塔·哈里极有可能为德国方面提供了大量情报。1917 年 2 月 13 日，玛塔·哈里刚刚抵达法国边境，就被以间谍罪逮捕，同年 7 月宣布判处她死刑。

1917 年 8 月 15 日，玛塔·哈里被带出巴黎女子监狱执行枪决。这一天，她刻意打扮了一番，戴上了一顶宽檐黑帽。临死前，玛塔·哈里拒绝被蒙上双眼。她说想看着那些杀死她的男人的眼睛。枪手扣动扳机前，她向他们送去了最后的飞吻。

颇具讽刺意味的是，1999 年英国情报部门公开的 20 世纪初的情报档案显示，当年英国情报机构并没有掌握玛塔·哈里犯有间谍罪的真凭实据。玛塔·哈里死后，有人猜测说，是她的情人西班牙作家恩里克·戈麦斯向当局告密害死了她。也有人认为是他的妻子因为妒忌玛塔·哈里勾引了自己的丈夫，而设局陷害了她。

Ⓜ 一本正经

在这张照片中，这位舞蹈家展现端庄优雅的姿态，但对于舞蹈，玛塔·哈里声称要热情暴露。

玛塔·哈里的头在她死后被保存在巴黎阿纳托密博物馆，经过特殊的技术处理她的头仍保持了她生前的红唇秀发，像活着一样。2000 年玛塔·哈里的头颅不翼而飞，估计是被她的崇拜者盗走了。玛塔·哈里基金会决定在她的故乡吕伐登为她建造一座博物馆，为一位声名狼藉的风流女子立碑扬名，不能不算是一件稀罕之事。但是，玛塔·哈里的一生充满悲剧色彩，她成功了，赢得了众多男人的青睐；但她也失败了，最后被男人利用。她留给人们的是无尽的谜一样的传说。

"007"

原型是谁?

《黄金眼》中的詹姆士·邦德,波波夫是其原型。

1974年,被喻为英国历史上最成功的间谍达斯科·波波夫的传奇经历被编成自传。此后,以波波夫为蓝本创作的詹姆士·邦德(007)系列电影也获得了极大的成功,据说,波波夫真实的间谍生活比起电影中的007来一点也不逊色。

1912年,英国间谍达斯科·波波夫出生在一个富裕的南斯拉夫家庭。波波夫生性风流是出了名的,算得上名副其实的花花公子。尽管艳史不绝,每到一处总要结识美女留情,但波波夫却是一名天生特务,能操流利的意大利语、法语、英语和少许德语,是

一名不折不扣的语言天才,他迅即成为南斯拉夫特务网络的中心人物。

最初走上间谍道路是在1940年2月,波波夫在家中接到好友约翰尼从柏林来的电报,约翰尼是波波夫1936年在德国弗赖堡大学结识的挚友,他们约好2月8日在贝尔格莱德塞尔维亚大饭店见面。而波波夫所不知道的是当时约翰尼已受雇成为纳粹间谍,这次来就是看准了波波夫在英国交游广阔,招揽他做间谍募集情报对抗盟军的。

关于当时的情况,在英国公共档案办公室新近解封的一批军情五处的机密情报档案中有比较详细的记载。1940年,波波夫不甘为德军所利用,于是主动请缨,马上找到了英国驻巴尔干国家的商务参赞斯德雷克,要求英国方面提供一些情报,以帮助他打入德国情报网。几天以后,伦敦批准了这个计划。波波夫依靠自己导演的双簧戏,成功打入德国间谍层,从此开始了他双重间谍的生涯。

档案还记载了波波夫制造隐形墨水的配方,显示他爱用酒杯混合隐形墨水。此外,他的档案还包括大量载有日期的文件、隐形墨水明信片、印上"已拆开"或"检查"邮戳的邮件,及他寄给女友的信件。

1941年7月,波波夫被派到美国去发展一个谍报小组。他的德国上司对他说:"日

世界军事未解之谜

M 波波夫

本可能要同美国开战，我们也不能坐视。"此时，波波夫已经觉察到日本要偷袭珍珠港的种种迹象。

在征得英国情报当局的同意后，波波夫以南斯拉夫新闻部驻美国特派员的身份飞往纽约，在完成德国情报机构交给的任务后，他向美国联邦调查局通告了日本入侵美国的消息。经过英国情报机构与美国的斡旋，美国联邦调查局局长埃德加·胡佛召见了波波夫。

但胡佛似乎对他并不感兴趣，并因为波波夫生性风流，终日与法国电影明星纠缠在一起，而彻底把搜集情报的任务抛到脑后而大为恼火。虽然英国军情五处已通知联邦调查局，波波夫在为英国工作，但联邦调查局却对此存疑。胡佛最终虎视眈眈地指责道："你他妈的是什么骗人的间谍，自从你来到这里以后，没有一个纳粹狗与你联系。我领导着世界上最廉洁的警察机关。但你却在6个星期里搞了一套豪华的房子不说，还追逐电影明星，严重地破坏了我们的法律，甚至企图腐蚀我的部下。我再也不能忍受下去了！"

波波夫对胡佛说："我到美国，是为了帮助你们备战而来。我曾以各种方式给你们带来了严重的警告，确切地提醒你们，在什么地点、什么时间、什么人以什么方式将向你们国家发动进攻。"但胡佛根本不相信，波波夫扫兴而去。5个月后，日本偷袭珍珠港。

这次糟糕的会见使波波夫十分失望，情绪异常低落地离开了。

1942年11月，波波夫再一次踏上了英国的土地。盟军对德国发出一些假的警告，并对德连续实施了"斯塔基行动"和"马基雅维里计划"，为的就是迷惑德国人。在"斯塔基行动"中，他们向德国情报机关提供假情报，说英国在加来港地区正准备发动一次大规模的两栖登陆，并把德国轰炸机群引诱到英国皇家空军的阵地，使德军处于易受攻击的境地。

在"马基雅维里计划"中，波波夫把伪造的文件和书信放到一个英国军官的遗体上，然后让这具遗体随海浪冲到西班牙海岸。遗体上的文件中有关于向希腊进攻的绝密卷宗，让德军"意外"地发现这具遗体和情报。同时，波波夫又在向德国人的报告中说，有许多英美军人应召在苏格兰接受跳伞训练，

M 用隐形墨水书写的情报
这条手绢上用过化学药品的部分字迹被显示出来。

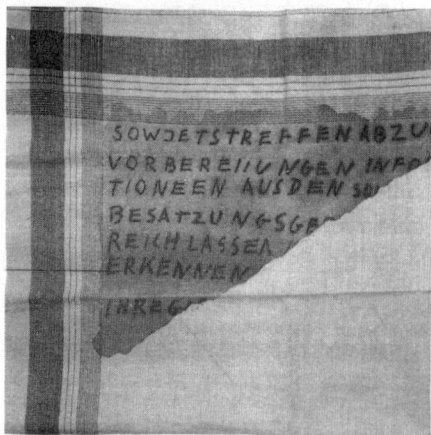

以及英国方面对最近的一起飞机失事事件顾忌重
重等消息。柏林当局立即向撒丁岛增派部队，潜
水艇也奉命开往克里特。结果，西西里的防御力
量削弱了，使巴顿将军轻而易举地冲进巴勒莫城。

　　1944 年 5 月上旬，随着情报的增多，双重间
谍的工作量很大：他们认真编造和研究信息，使
它们与盟军的战略计划相吻合，并取信于敌。然而，
要想使如此众多的情报不出现纰漏简直不可能，
果然，后来一些细节性错误引起了德国情报部门
的注意。

　　1944 年 5 月中旬的一个深夜，英国军情六处
的人急匆匆地赶来告诉波波夫，让他乘敌人还未
发觉，赶快回葡萄牙里斯本通知其他人员转移，
然后潜逃到比利时。

　　波波夫于是星夜兼程地赶到里斯本，开始营
救和组织逃亡工作。然而一切都为时太晚，那些
正在工作的谍报人员都没能逃脱纳粹的魔爪，他
本人也险些被纳粹抓获。

　　1944 年 6 月 6 日盟军登陆法国前夕，他曾协
助盟军瞒骗德国，令德军从盟军登陆的地点诺曼
底转移到别的地方，居功至伟。

　　波波夫参与了二战期间许多重大情报活动。
他对从事间谍工作的人的评价是：这是一群神秘
的人，他们无孔不入，无处不在。胜利了不可宣
扬，失败了不能解释。我的武器就是谎言和欺骗，
我自己还卷入了一些违背正常社会准则的行为，
包括谋杀。但我并没有觉得内心不安，因为这只
是战斗对我的考验。

　　英国在战后两年确认波波夫的功绩，在 1947
年向他颁授 OBE 勋章（即英帝国官佐勋章）。

　　波波夫有句名言："要使自己在风险丛生中
幸存下来，最好还是不要太认真对待生活为好。"
有关波波夫的各种版本的传奇故事始终在人们中
间流传，007 的出现更为了解真实的波波夫设置了
重重障碍。

M 埃德加·胡佛
　　胡佛在二次大战期间指挥反间谍工作，他努力想
把外国情报搜集工作揽于联邦调查局控制之下，但没
有成功。他对波波夫的不信任使美军遭到重创。

世界军事未解之谜

中情局暗杀卡斯特罗

共有多少次？

据说古巴有一位名叫路易斯·巴埃斯的老资格记者，他对美国中央情报局针对古巴革命领导人、现任古巴总统菲德尔·卡斯特罗数百次谋杀未遂事件的史料颇有研究，堪称为一个专家级的人物。在一次接受采访的时候，他畅谈自己所掌握的那些鲜为人知的秘密。

65岁的路易斯·巴埃斯生于哈瓦那，结婚后育有3个子女，全家人住在古巴，而且都是卡斯特罗政策的拥护者。他从当记者开始就一直为古巴报刊撰写关于卡斯特罗总统的报道，一直持续了将近42年。在这漫长的时间内，他接触到美国中央情报局的一些解密档案，以及古巴安全局的一些解密档案。多年来通过研究这些档案材料，路易斯·巴埃斯对那些试图谋杀卡斯特罗未遂的事件了如指掌。

⋈ 卡斯特罗像

古巴政治领袖，使古巴成为西半球第一个社会主义国家，其拥护者视他为拉丁美洲最具有影响力的革命领袖；敌党指控他政治煽动与专制统治。中情局视卡斯特罗为眼中钉，必欲除之而后快。

有一次，中央情报局曾计划用氰化钾毒死他，后来就把内中装有氰化钾的胶囊交给一个潜伏在饭店里的特工人员了。而卡斯特罗正好有个习惯就是每天夜里都要外出到"希尔顿"饭店（现在的名称叫"自由古巴"饭店）去喝巧克力鸡尾酒。"可是那个可怜的傻瓜把胶囊放到了冷藏室里冷藏起来，等他从那里取出胶囊以后，里面的毒药已经分解失效了。不过，同其他谋杀相比，这名特工可是离达到目的不远了。"像这类愚蠢的谋杀尝试，从中央情报局解密的档案和古巴内务部安全局的档案中显示，居然高达600多次！

如果平均算下来，43年中平均每个月总有一次吧。这一平均数字是按照谋杀计划的数量来计算的，因为有些计划甚至连落实的机会都没有，或者有的是没有执行到头就流产了。这些谋杀都是反对古巴革命的绝密行动计划的重要组成部分。

其中最值得一提的尝试，要算左派政治家阿连德当智利总统的时候，那次卡斯特罗正在对智利进行一次历史性的访问。中情局安排了一个电影摄影师，准备枪杀卡斯特罗。枪就藏在摄影机里面，可是到最后一刻，那个笨蛋摄影师居然打退堂鼓了，害怕了，最终没敢动手。

另外一次最愚蠢的谋杀是中央情报局的一个名叫托马斯·佩劳的特工，这个叫佩劳的年轻人思维非常周密，他所有的计划都是精心编制的，可以说他的计划曾让人看到了"除掉卡斯特罗的一线希望"。他预先的计划是派他的手下在古巴岛四处散布"基督二次降临近在咫尺"的消息，同时散布"卡斯特罗反对基督"的流言蜚语，目的明确，就

M 1959 年 1 月，卡斯特罗进入哈瓦那，古巴革命取得胜利。

M 卡斯特罗受到哈瓦那人民的热烈欢迎。

是让古巴人都举行起义，反对卡斯特罗，并且将把美国潜水艇的枪声定为起义号声。但是最终还是失败了，事情并不按他想象的那样发展。

还有一次，有人打起了卡斯特罗的雪茄香烟的主意，他们想往他的雪茄烟里注射一种名叫"肉毒杆菌毒素"的毒药，只要一碰到他的嘴唇，卡斯特罗就会马上完蛋。

在各种千奇百怪的破坏活动中不光是为了要卡斯特罗的命，还有一些是冲着他的声誉和形象去的。有一份文件，为了让卡斯特罗在讲话时忍不住不停地打喷嚏，丢面子，有一个愚蠢的肇事未遂者曾经试图往卡斯特罗将要前往讲话的一间播音室里喷洒成分类似 LSD 的一种液体。

所有的这一切对卡斯特罗来说成了宝贵的经验和磨砺。以至于卡斯特罗亲口说过："我最大的成就是大难不死，我还活着。"

接连不断的谋杀占据了卡斯特罗生命中

世界军事未解之谜

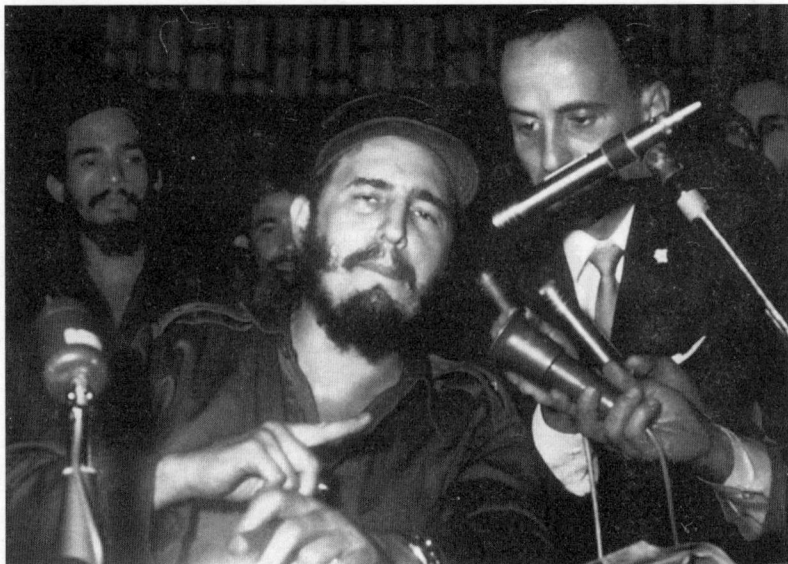

不少的时间。记得还有一次可算得上所有计划中最愚蠢最下流的一个。中情局有个名叫克里斯·帕登的特工，他制订了一个往卡斯特罗皮鞋上洒脱毛剂的计划。为的是一旦脱毛剂碰到卡斯特罗的大胡子就会使胡子掉个精光。最终他这个滑稽又下流的计划还是没有得逞。

对于发生的这些滑稽又惊险的谋害，卡斯特罗从来没有大发雷霆过，倒是在苏联撤走导弹后他发过脾气。那是肯尼迪当政时期美国人同赫鲁晓夫之间发生的那场"加勒比海危机"，卡斯特罗当时火冒三丈地跑到《革命日报》编辑部，当面口授了他著名的"五点声明"。

之后，谋杀和破坏计划仍然在制订。比如说阴谋炸毁古巴水域的美国船只，再比如制订针对古巴流亡者的恐怖袭击计划等等。总之，要随便找到一个能让美国海军陆战队到古巴海岸登陆的借口。

最著名的应该算那次"猪湾登陆"，可卡斯特罗猜透了他们的企图。事件发生的几天以前他就亲口断定："美国人一定会在这里登陆。"

针对卡斯特罗的谋杀也许还会一直继续，在这位老记者42年的生涯中经历的只是其中的一小部分。至于到底曾经有过多少次谋杀，未来还会有多少次，也许卡斯特罗自己也说不清楚吧。

"金唇"—永远无法破译
的绝密技术

一项代号为"自白"的间谍行动曾经让美国蒙羞达 8 年之久。从 1945 年到 1951 年，克格勃开始窃听美国驻苏联大使馆内的活动情况。这项成功的窃听行动既是苏联特工引以为荣的惊世之举，也是世界间谍史上屈指可数的经典之作。

从 1933 年 11 月 16 日苏联与美国正式建立外交关系那天起，克格勃特工就盯上了美国驻苏使馆，对其进行监听与监视成为他们工作中的重要部分。为了更详细具体地了解美国使馆的内情，1938 年起，克格勃开始向美国使馆放飞 "燕子"。

所谓"燕子"其实是克格勃的职业特工，她们装扮成国家芭蕾舞剧院演员，利用美国外交官们好色的弱点，再加上自己沉鱼落雁的美貌，于是很轻易地便飞进美国外交官的卧房。不久"燕子"们就已经探明，会议室、武官处、密报室及大使办公室都设在使馆大楼顶层，那里正是整个使馆的"要害"所在。与此同时，那些负责守卫使馆大楼的苏联女兵也顺利地和潇洒的美国男士搞好了关系。

世界军事未解之谜

1943 年，德黑兰会议结束后，斯大林向克格勃领导人贝利亚下达了死命令，要对美国大使阿维列拉·卡里曼的办公室进行窃听，可以不惜一切代价、动用一切手段。重压之下贝利亚与手下高参们开始设计窃听使馆心脏部位的行动方案，可谓绞尽了脑汁。

1943 年 12 月 17 日，贝利亚得意地向斯大林报告他们已经完全准备好了针对美国使馆专门设计的窃听设备，其性能"无与伦比"，功效"令人称奇"。而且它还有个非常特别的名字，叫"金唇"。于是，利用这种特制"窃听器"对美国大使办公室进行窃听的行动也被命名为"金唇行动"。因为"金唇"

M 克格勃第一总局徽章

窃听器既不需要电池，也不需要外来电流，所以使当时的反窃听设备无法捕捉到任何信号，代表了当时的世界顶级水平。300米以内大耗电量振荡器所发出的微波脉冲都能够被"金唇"捕捉到，更奇特的是它的工作寿命可以无限延长。从外表上看，"金唇"就像一个带尾巴的蝌蚪。

为了把"金唇"顺利地放到大使办公室，苏联特工机关将美国使馆对面居民楼里的居民全部换成克格勃工作人员，每逢星期天，伪装成"家庭主妇"的克格勃女中士们都要在阳台上抖落和晾晒地毯及被褥，试图以非常自然的姿势把灰尘大小的"蝌蚪"撒到美使馆大院内。

然而，费尽了心机的克格勃特工人员并未达到目的。后来，他们还精心设计了一起火灾，但是扮成消防队员的特工人员却始终没找到进入卡里曼大使办公室的机会。

几次失败之后，克格勃的高参们并没有放弃，这次他们想出将安有窃听器的礼品送给美国大使的妙计。于是，二十几种木制及皮制的贵重工艺品送进了克格勃高官的会议室，但是，窃听器研究权威、苏联科学院院士贝尔格和伊奥费却对选定的礼品给出了一致认定，这些礼品都不能胜任运载"金唇"的使命。于是，克格勃只得根据"金唇"的特殊性重新制作相应礼品。

1945年2月9日，苏联宣布在黑海之滨举行"阿尔台克全苏少先队健身营"开营典礼，为了把美国大使卡里曼从莫斯科引到克里米亚，并在开营典礼上接受由少先队员赠送的"礼品"，克格勃制定出一整套诱引方案。2月，苏联特工以苏联少先队员的名义向罗斯福总统及丘吉尔首相发出敬请光临的邀请。请柬中用尽了动听的词句，诚挚感谢两位政治家在战争期间对苏联人民的帮助。宣扬"平等与博爱"的美国人绝对不会拒绝孩子们的邀请，克格勃摸准了美国人的心理。果然，百忙之中无法到场的美国总统和英国首相相应地委

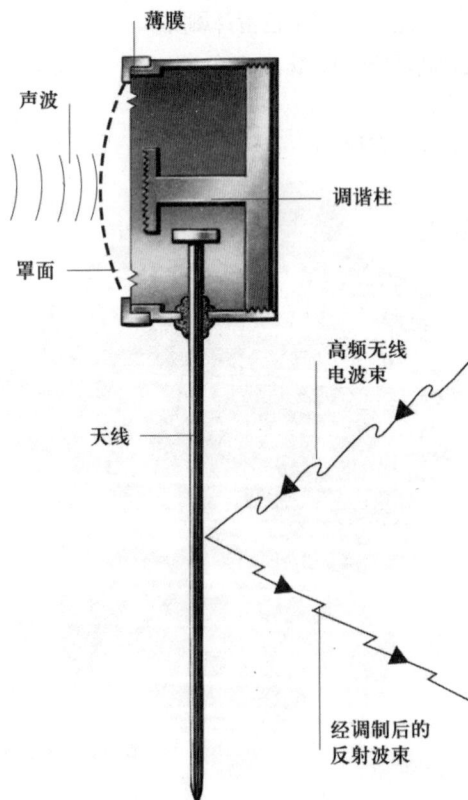

薄膜

声波

调谐柱

罩面

高频无线电波束

天线

经调制后的反射波束

Ⅶ "金唇"是如何工作的

来自建筑物外发射源的无线电波对准天线，撞击薄膜的声音使薄膜与调谐柱面之间的空间（和电容）发生变化。这些变化改变了天线上的电荷，从而对发射无线电波束进行了调制，这些反射波束由接收器接受并翻译。

国徽正面

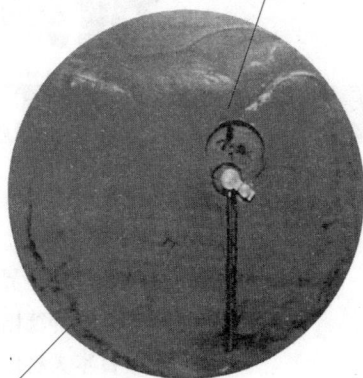

"金唇"窃听器

国徽背面

M 藏有"金唇"窃听器的美国国徽

这个藏有窃听器的美国国徽在美国驻苏联大使馆办公室悬挂了8年时间，陪伴4位美国大使度过任期。

世界军事未解之谜

派了两国驻苏大使出席。于是，美国大使卡里曼如期从莫斯科赶到黑海之滨出席开营典礼。

开营典礼上，苏联少先队员用英语合唱美国国歌，气氛渐入佳境。孩子们纯真稚嫩的歌声让卡里曼大使完全丧失了戒备和警惕，就在这时，一枚精美绝伦的巨大木制美国国徽由四名苏联少先队员抬送到卡里曼大使面前。紧接着，瓦列里·勃列日科夫马上殷勤地向贵宾们讲述这枚国徽的做工及用料是如何讲究，用了多少种珍贵木料，苏联工匠的制作工艺是如何高超精湛。果然，卡里曼大使情不自禁地发出惊叹："天哪！我把它放在哪儿才能不辜负孩子们的一片心呢？"勃列日科夫不失时机地低声对卡里曼说，"挂在您的办公室最合适不过，英国人肯定会嫉妒得发疯。"

随着这枚内藏苏联克格勃"金唇"窃听器的美国国徽被悬挂在卡里曼办公室，代号为"自白"的克格勃窃听美国大使的行动开始启动。自1945年2月起，这一行动共持续了八年。4任美国大使在8年间来了又走，国徽以其无与伦比的艺术美感赢得了4位美国大使的钟爱，每一位新大使到任后从墨水瓶到地板砖全部更换一新，甚至大使办公室的窗帘及家具色调也相应做了些改变，以与这枚国徽相匹配，而这枚美国国徽却始终安然无恙。

直到1960年5月，华盛顿才公开"金唇"的秘密，在此之前美国中情局始终没有勇气公开他们的"耻辱"。美国驻联合国代表卡勃特还将"金唇"窃听器拿到安理会常任理事国的会议上做了一番展览。但是，"金唇"的秘密技术却始终无法破译，美国特工和英国特工曾多次试图制作同样的窃听器，但都以失败告终。时至今日，"金唇"的秘密依然无法解开。

谁编制了 FM

神奇的"无敌密码"？

第二次世界大战中，英国倾全国之力，破译了德国的"谜语机"密码，为战胜纳粹德国做出重要贡献；美国则破译了日军密码，由此发动空袭，击毁日本大将山本五十六的座机。丘吉尔说，密码员就是"下了金蛋却从不叫唤的鹅"。

《孙子兵法》云："知己知彼，百战不殆。"破译敌军密码，始终是交战双方梦寐以求的捷径。同时，如何保证自己的密码不被敌人破译也让交战双方费尽了心思。二战中美国曾经有一套"无敌密码"就创造了这样一个不可破译的神话。

那些沉默了半个多世纪的"特殊密码员"终于从美国总统布什手中接

FM 美国国旗升起在硫磺岛上，这幅照片成为关于太平洋战争的最动人注解。

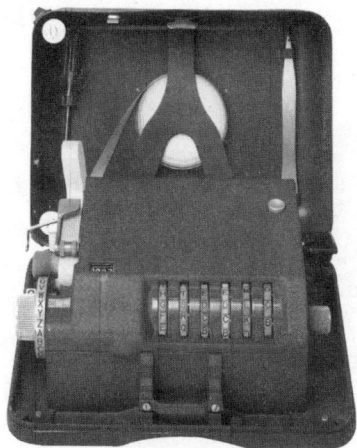

过了美国政府最高勋章——国会金质奖章。当年，正是他们编制的"无敌密码"，为盟军最终胜利立下了汗马功劳。

攻占硫磺岛是美军在太平洋战争中打的一场经典战役，美军把旗帜插上硫磺岛的照片，成为美国在二战中浴血奋战的象征。硫磺岛战役结束后，负责联络的霍华德·康纳上校曾感慨地说："如果不是因为纳瓦霍人，美国海军将永远攻占不了硫磺岛。"当时，康纳手下共有6名纳瓦霍密码员，在战斗开始的前两天，他们通宵工作，没有一刻休息。整个战斗中，他们共接发了800多条消息，没有出现任何差错。

攻占硫磺岛战役中"无敌密码"大显了身手。而编制这种 "无敌密码"的人又是谁呢？

一个叫菲利普·约翰逊的白人提议用纳瓦霍语编制军事密码。约翰逊的父亲是传教士，曾到过纳瓦霍部落，能说一口流利的纳瓦霍语，而在当时，纳瓦霍语对部落外的人来说，无异于"鸟语"。这种语言口口相传，没有文字，其语法、声调、音节都非常复杂，

没有经过专门的长期训练，根本不可能弄懂它的意思。极具军事头脑的约翰逊认为，如果用纳瓦霍语编制军事密码，将非常可靠而且无法破译。因为根据当时的资料记载，通晓这一语言的非纳瓦霍族人全球不过30人，其中没有一个是日本人。

1942年初，该建议由约翰逊提出，他说，如果用纳瓦霍语编制密码，可将用机器密码需要30分钟传出的三行英文信息，在20秒内传递出去。

美国太平洋舰队上将克莱登·沃格尔接受了约翰逊的建议。1942年5月，29名纳瓦霍人作为第一批密码编译人员征召入伍，在加利福尼亚一处海滨开始工作。不久，根据纳瓦霍语创建的500个常用军事术语的词汇表制作完成。由于没有现代军事设备的专门词语，因此代码中经常出现比喻说法和拟声词。

此后的太平洋战争期间，420名纳瓦霍族人加入了密码通讯员的行列，他们几乎参

历史上规模最大的登陆进攻——诺曼底登陆

M 纳瓦霍族是美国境内最大的原住民族，人口约 15 万人，居住在美国西南部保留区内。

加了美军在太平洋地区发动的每一场战役。用纳瓦霍语编制的密码被用来下达战斗命令，通报战情，为最终打败日本军国主义者起到重要作用。

除了纳瓦霍语外，在欧洲战场，美军在二战中使用的另一种印第安语——科曼切语密码也大显身手。据说现年 78 岁的查尔斯·希比蒂是目前唯一在世的科曼切语密码员，目前居住在俄克拉荷马。根据老人回忆，当年报纸上的征兵广告说"征召年轻的科曼切人。要求未婚、无家庭拖累、会说本族语。"特别是在语言方面要求极为严格，必须十分流利。

在科曼切语创建的由 250 个军事术语组成的词汇表里，轰炸机成了科曼切语中的"怀孕的鸟"，一天，一个黑发、留着卓别林式的胡子、表情严肃的德国男子的照片送到希比蒂手中，"我们需要给这个人起一个代号。"希比蒂看了看照片想起了他看过的欧洲新闻短片，于是说："'疯了'怎么样？或者'疯狂'？"最终，真的决定用"疯狂的白人"来称呼这个元首，而此人就是希特勒。

1944 年 1 月，诺曼底登陆战役中，当希比蒂登上犹他滩时，指挥官命令他："通知总部我们成功登陆了，现正准备占领敌方阵地。"顶着炮弹掀起的沙子和海水，希比蒂掏出无线电发报机，迅速用科曼切语发出了这条信息。科曼切密码通讯员希比蒂发出了第一条登陆诺曼底的信息。海滩上，炮弹和曳光弹不断在头顶上爆炸，一阵静电干扰之后，无线发报机传来信息："收到。守住滩头阵地，弄清敌人方位。增援部队很快抵达。完毕。"

在诺曼底滩头大显神通之后，对于这种密码，纳粹德国的情报部门也绞尽了脑汁，始终未能找到破译的方法。

无论是纳瓦霍族密码员还是科曼切族密码员都没有因为他们的巨大贡献在战时或战后获得表彰。因为当时的五角大楼认为这些密码员在接下来的冷战中可能再派上其他重要用场，因而不宜暴露，并命令他们严格保守秘密。但是，随着密码技术的进步，这些古老的密码已经完全成了古董，于是密码员们才终于获得了迟到的荣誉，但他们当中的大多数都已经默默无闻地离开了人世。

对这迟到了半个世纪的表彰，布什也不胜感慨。他说："他们勇敢地工作，出色地完成了自己的任务……他们对国家的贡献值得所有美国人尊敬和感谢。"当年的 29 名印第安纳瓦霍族人，编制出了这套"无敌密码"，现在，其中 25 人已离开人世，这些人的名字将永远消失在历史的长河中，就像他们未曾来过一样。

谁是世界上身价最高的间谍？

沃尔夫冈·洛茨是继伊利·科恩之后以色列情报机构摩萨德又一著名间谍。他幼年在德国生活，后移居巴勒斯坦，二战爆发后进入军队，1962 年被阿穆恩（以色列军事情报局）派往埃及。

沃尔夫冈·洛茨以一名德国旅游者和育马人的身份，踏上了埃及的国土。洛茨仅用了 6 个多月的时间，便结识了当地社会的精英人士。他尤其注意与埃及军官建立友谊，陪他们一起喝酒、打牌，在吃喝玩乐中得到了不少有价值的情报。

世界军事未解之谜

在法国期间，洛茨在火车上认识了一位德裔美国女子，名叫瓦尔特劳德，两人一见钟情，仅仅两周时间，便双双坠入情网。

当洛茨带着漂亮的妻子回到埃及后，每天早晨，洛茨总是站在一个 5 米高的塔楼上，手持高倍望远镜观察驯马，但他真正注意的并不是他的马。他只要把手中的望远镜稍稍向右移动一下，便可将军事基地内的一切活动尽收眼底。

洛茨夫妇的朋友极其广泛，除了骑士俱乐部的尤素福将军及年轻军官们之外，还有军事后勤专家阿卜杜勒·萨拉姆·苏来茫将军、军事反间谍局的福阿德·奥斯曼将军和穆赫辛·赛义德上校，乃至埃及共和国的副总统侯赛因·沙菲。他们都把洛茨视作值得信任的前纳粹军官，因此往往在不经意中吐露出许多宝贵的情报来。

一次宴会畅饮之后，洛茨恰好坐在阿卜杜勒·萨拉姆将军身边。将军负

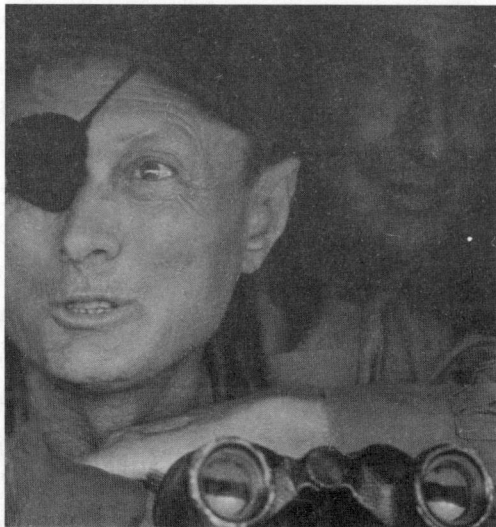

责陆海空三军的调动和弹药运输，因此，听他的谈话极为重要。

"近来忙吗？好久没见了。"洛茨客气地问候道。

"喔，是的，非常忙。我们的一个步兵旅从此地调到了运河地区，所以我就得去苏伊士几趟。"

"阿卜杜勒，有件事只有你能帮我。如果要打仗的话，请事先告诉我一声，这样我好买下足够的威士忌藏在这儿呀。"

"哦，你不用太着急，还得再等一段时间。足够的武器和弹药可以帮我们占领整个中东，但是光靠这个不行。军队的现状眼下十分糟糕。"

"什么？不会吧。"洛茨假装不解地说。

"当然，我们的精锐部队只是少部分。我们的士兵还缺乏训练，士气也不怎么高。"

"不过据我所知，你们有外国顾问帮忙，而且军队在苏伊士战争中也积累了实战经验。"

"的确如此，世界上最好的军事专家在为我们工作。但5分钟后，我们的人就开始指挥起他们了，自以为是的埃及人总是这样！而且，军队之间没有配合，或是完全失去了指挥，或是发出的命令相互矛盾。现在，我

们所追求的是数量而不是军队的质量。如果继续这样下去，我们就要付出更大的代价。"

"依你看，战争会在什么时候开始？"洛茨问道。

"下星期或下个月肯定不会打，但肯定是要打的。"阿卜杜勒将军笑着说。

当晚，沃尔夫冈·洛茨从马靴里取出了微型发报机，在卫生间里向特拉维夫总部发回了搜集到的重要情报。就这样，沃尔夫冈·洛茨在推杯把盏之中轻而易举地搜集到一些情报，并将它们源源不断地发回到阿穆恩总部。

1965年春天，洛茨夫妇和瓦尔特劳德的父母在一次出游之后，一家人驱车返回开罗，刚到家门口，6名大汉把他们全部用手铐拖走了。

随后，埃及安全机关检察长萨米尔·哈桑亲自审问了洛茨。原来，沃尔夫冈·洛茨也和在叙利亚的间谍伊利·科恩一样，是被测出发报位置而暴露的。埃及安全机关甚至录下了3年来洛茨收发的全部电讯号。事已至此，洛茨只得承认一切，说自己是德国人，只是图谋金钱才替以色列搜集情报。埃及人对此深信不疑，因为他们早已掌握了洛茨是前纳粹军官的铁证。

此外，洛茨还咬定所有活动都是他一人

丢弃在西奈沙漠中的战争残骸

洛茨曾多次站在这里瞭望，刺探情报。

进行的，被捕12天后，埃及安全机关安排洛茨夫妇接受电视台的采访，洛茨想这正是一个告诉以色列情报机关这里到底发生了什么的好机会。

在采访中，洛茨承认自己当了间谍，是个见财如命的德国人。采访最后，记者问他是否想对德国的亲人说点什么时，他趁机说道："如果以色列今后还派间谍来的话，它应当去找自己的公民，而不要再收买德国人或者其他外国人了。"埃及当局显然并没有意识到，以色列军方已经明白了洛茨的意思：我的假德国人身份还没有暴露，请设法据此采取营救。

1965年7月27日，埃及法庭对洛茨夫妇进行了公开审判，洛茨被判终身苦役。

1967年6月5日，第三次中东战争爆发。从监狱中可以听见以色列飞机在监狱附近投下炸弹的爆炸声，洛茨分析他们攻击的目标很可能是由自己提供情报的赫勒军工厂的位置，为此他心中暗暗感到高兴。

1968年2月3日，第3次中东战争即"六天战争"之后，洛茨被叫到副官办公室，监狱副官通告了释放洛茨的决定。当时，洛茨听到自己获释并没有之前想象的那么兴奋，反而内心平静的出奇。在开罗机场洛茨等待回国的班机。突然，领事神秘地告诉洛茨，在他被释放的背后有过一场特殊的较量。

战争结束后，以色列开始同埃及就交换战俘的问题谈判，以色列情报机构长官梅厄·阿米特坚持要将洛茨列入战俘交换之列。自从科恩被叙利亚人绞死之后，阿米特就一直对没能营救这位间谍王子而感到自责和沮丧。但是以色列政界却不愿意公开承认洛茨是本国间谍。直到阿米特以辞职相威胁，最终才使洛茨得以逃出图圈。最终，以色列政府表示，埃及释放在押的洛茨和瓦尔特劳德夫妇，以色列就可以释放包括9名埃及将军在内的5000名埃及战俘。洛茨听后大吃一惊，几乎不敢相信自己竟有如此之高的身价。这样大的代价换取两个人的性命，的确价值不菲，但究竟是不是身价最高的间谍我们不得而知，只是这样高昂的代价足以说明，一名优秀的间谍可以给他的主人带来的恐怕还不知是这些的多少倍！

世界军事未解之谜

迷失的

MiShiDe

LiShiZhenXiang

历史真相

秦朝十二铜人

下落何处？

公元前 221 年，秦将王贲率兵向南攻齐。齐王建昏庸无能，一味听信佞臣，毫无抵抗准备，而佞臣后胜早就接受了秦国的贿赂。所以，秦军一到，齐国立即土崩瓦解，齐王建被俘，齐亡。这样，中国历史结束了长期的分裂割据局面，出现了统一的专制主义中央集权的秦王朝。战国的历史至此告终，中国历史又翻开了新的一页。

消灭六国以后，虽然全国范围内的大规模的军事行动已经结束，但在边境上，秦国军队仍在继续进行着战斗；另外，国内也有一些不稳定因素存在。秦始皇为了巩固第一个封建王朝的政权，除了在原来政权机构的基础上调整和完善统一的中央集权的封建国家机器，建立一套从中央到地方的严密的统治机构和封建官僚制度外，还采取了一系列其他措施，其中有一条就是下令收缴天下兵器，铸成十二铜人，立于咸阳。

据《三辅黄图》载："营朝宫于渭南上林苑中"；"可受十万人。车行酒，骑行炙，千人唱，万人和，销锋镝以为金人十二，立于宫门"。又据史书记载，铜人背后铭刻着李斯篆、蒙恬书"皇帝二十六年初兼天下，改诸侯为郡县，一法律，同度量"等字样。铜人造形之大，制作之精巧

十二铜人像

秦始皇时期的十二铜人像因为岁月的流逝，已无从寻找。下图中的十二铜人像是后人根据历史记载重塑的。

考究，为历史上所罕见。

　　令人感兴趣的是，中国第一位封建皇帝秦始皇为什么要铸造这 12 个铜人呢？这主要有以下两种说法：一种说法是：有一天，秦始皇梦中遇到天象大变、昏暗无光，且鬼神作怪，遂惊恐不已，在万般无奈之际，有一道人前来指点迷津：制十二金人，方可稳坐天下。秦始皇梦醒后，即下令将全国的兵器收缴集中于咸阳，铸成十二铜人。有的学者指出，秦始皇一生极信方士道人之言，再联系开国不久的担忧心情，此说是可信的。另一种说法是：秦始皇在统一全国后，始终在忧虑和思考着如何长治久安，使江山传之万世的问题。而要坐稳天下、江山永固，首先解决的一个问题就是应该收缴和销毁流散在民间的各种兵器。关于这一点，还流传着这么一个故事：一天，秦始皇在群臣陪同下，观看舞水火流星和各种杂耍，正在兴高采烈之时，忽见一队杀气腾腾、手执刀剑干戈的武士上场表演。秦始皇见了，无疑触动了心病，于是日思夜想，寝食难安。这时候，正逢临洮农民送来一条消息，说是见到了 12 个巨人，当地还盛传着一首童谣说："渠去一，显于金，百邪辟，百瑞生。"秦始皇听后，正中下怀，情绪为之一振。于是便假托征兆，借助天意，下令收缴民间所有的兵器，集中于咸阳，铸成了 12 个铜人。应该说，秦始皇收兵器造铜人，完全是出于政治上安定的考虑。至于假传天意，只是使之合法化的一种策略，这是不少统治者所惯用的伎俩。

　　可惜的是，今人已见不到这 12 个铜人的踪影了。它们究竟到哪里去了呢？目前，人们主要有以下几种不同的说法：

　　有人认为，楚霸王项羽在攻克秦都咸阳、火烧阿房宫时，连同这 12 个铜人也一起烧毁了。由于此说史无明载，故赞同者甚少。

秦始皇（前259～前210）即嬴政，又称赵政，公元前246～前210年在位。李白歌曰："秦王扫六合，虎视何雄哉，挥剑决浮云，诸侯尽西来。"斯蒂芬·乔治·西斯罗普评：始皇帝一定是位充满惊人壮志的领袖，关于他的一切，他的恐惧和憎恨，他的计划和远见，都被夸张、放大到超过人类的常规，只有这样一个统治者才会去修长城。

个铜人和其他精美的物品一起被当作随葬品而葬于陵墓之中。由于一些技术等方面的原因，秦始皇陵墓的发掘工作还不能展开，因而十二铜人的下落问题至今仍是未解之谜。或许到秦始皇陵墓开掘的那一天，这个谜才能解开。

有的学者指出，这12个铜人毁于董卓、苻坚之手。东汉末年，董卓率兵攻入长安，便将其中的10个铜人销毁、铸成铜钱，剩下的两个被他迁到长安城清门里。至三国时，魏明帝曹睿下令把这两个铜人运往洛阳。当工匠运到灞城时，由于铜人太重难以搬动而终止了搬运。到了东晋十六国时，后赵的石季龙又把这两个铜人运到邺城。到了前秦的秦王苻坚统一北方后，再从邺城将这两个铜人运回长安销毁。至此，前后经历了约600年的铜人全部都销毁了。

另有一种说法是，这12个铜人并未被毁掉。由于12个铜人是秦始皇生前的喜爱之物，所以在秦始皇陵墓营造好后，这12

Ⓜ 秦始皇泗水捞鼎画像

先秦时代，青铜鼎是传国之宝，鼎在国存，鼎佚国亡。秦始皇统一天下后，在彭城（今江苏徐州）斋戒祈祷，命上千人从泗水打捞周朝遗落水中的传国之鼎，以保江山永存。可是没有捞到。世人视为不祥之兆。

英国转移全部财产

是真是假?

1940 年 7 月 2 日下午 5 点钟,一列装载着代号叫"黄鱼"的秘密货物的专车驶进蒙特利尔市的蓬纳文图尔火车站,这一天是纳粹德国闪电般攻陷法国巴黎后的第 17 天。加拿大银行的代理秘书戴维·曼休尔和外汇兑换管理局的锡德尼·T. 珀金斯正等待着迎接这列专车。这将是任何国家都不曾经历过的最大的一次赌博,无论在和平时期或者战时。

这列火车一到站,曼休尔和珀金斯被带去会见了英格兰银行的亚历山大·S. 克雷格。克雷格微笑着说:"我们带来了极大数量的'黄鱼'。这批'黄鱼'是大不列颠帝国流动资产中很大的一部分。我们正在清理我们的地下储藏室,以备一旦敌人入侵。其余的东西也很快运到。"这位身材苗条的英国人以不动声色的英国方式说明来意。实际上这意味着加拿大银行是要接收英国所有能变成美元的资产。注意,是"所有"!

两个星期以前,英国首相丘吉尔召开内阁秘密会议,当时法国的沦陷给英国带来巨大压力,那次会议上丘吉尔决定玩一场冒险的赌博,把价值 70 亿美元的债券和黄金转移到加拿大去。

在一个国家里,老百姓的投资未经产权所有人的首先同意,而为了国防的目的就先行征用,这是没有先例的。但是,1940 年 6 月,

M 装甲舰甲板上的丘吉尔

丘吉尔已做好了同希特勒抗战到底的决心。他采取了怎样的严密措施,使英国的财产安全转移的呢?

当巴黎受到战争威胁时,丘吉尔政府立即采取了这一行动。当时决定联合王国所有英国公民,都需要把他们所拥有的全部外国债券的资产向财政部进行登记。这个决定意味着万一纳粹德国入侵成功,英国人会在加拿大坚持作战。

一个曾经参与这次行动的人说:"在 10 天之内,储存在联合王国银行里的所有经过选择的债券、证券都被提了出来,分别包扎捆装在几千个像装运橘子的木条箱那样大小的箱子里,然后被送到集中地点。"这里集聚着英国在全世界的经商人和投资者世世代

代挣得的巨大利润。这些资产，同英国作为帝国长年积累起来的数以吨计的黄金一起，将被送过海洋。可是，就在6月份的一个月之内，总吨位达34.9117万吨的57艘同盟国与中立国的船只，在北大西洋被击沉了。这场赌博的风险有多大，可想而知。

由海军上校西里尔·弗林指挥的英国巡洋舰"绿宝石"号被定为装载第一批秘密货物的船只。6月24日深夜，"哥萨克"号驱逐舰以30海里的时速，冒着重重危险，迅速穿过浓雾，为转运财宝的船只护航。下午6时许，"绿宝石"号装载着满满一船财宝，从格里诺克港起航，从来没有一条船载运过这样多财宝。弹药仓库里2229只沉甸甸的金条箱替代了炮弹枪支的位置，数以吨计的黄金使得仓库地板下面加固的角铁都被压弯了。另外的488箱证券，也价值4亿美元以上。

航程中天气变得越来越恶劣，大风迫使护航舰减速，形势也变得越来越难以预测。按照原来的计划，护航舰将沿着直线前进以便使"绿宝石"号能保持更高、更安全的速度，但是，大海的桀骜不驯极大地减缓驱逐舰前进的速度，弗林上校不得不决定"绿宝石"号单独航行。7月1日，刚过清晨5点，新斯科舍（加拿大东南部）半岛的海岸已隐约可见。清晨7时35分，"绿宝石"号终于安全地驶入港口码头。此时，一列专车正在码头旁边的铁路支线上等待着。码头在极度严密的措施之下被封锁了起来，每一只箱子在搬下"绿宝石"号时都清点了一遍，而当箱子装上火车时又以加倍的速度重新核查一遍。傍晚7时，火车开动。装载证券的车皮在蒙特利尔卸下货来，装载黄金的车皮则向渥太华疾驰而去。

当天夜里，当蒙特利尔市的街道安静下来，来往交通冷落的时候，一个大规模的行动开始了。太阳生活保险公司的24层花岗岩石建筑物，占据着蒙特利尔自治领广场的整个街区，是英国自治领中最大的一幢商业大厦。在它3层地下室的最底一层便是"联合王国战时安全存款"之家。刚过午夜1点钟，市内警察就封锁了从铁路调车场到太阳生活保险公司的几个街区，许多大卡车的车轮滚动起来。在身藏武器的、穿着便衣的加拿大

Ⅿ 德军轰炸伦敦

德军轰炸过的伦敦一片恐怖景象，但巍然矗立的圣保罗大教堂昭示着英国人民不屈不挠的反抗精神。

国家捷运公司的保卫人员押送之下，一辆辆大卡车穿过大街，皇家加拿大骑警像鹰隼一般在四周来回盘旋。待最后一箱交清，经核查无误后，英格兰银行的存放部经理遂递给大卫·曼休尔一张收据单，请他代表加拿大银行在单据上签字。

继"绿宝石"号史诗般的航行之后，7月8日，又有5条船驶离英国的港口，它们装载了轮船所曾装载过的最大宗的混合财宝。它们分别是战列舰 "复仇"号、巡洋舰"邦纳文图尔"号、"百慕大君主"号、"索贝斯基"号和"巴脱莱"号，并由4艘驱逐舰参加护航，这个船队装运了价值大约为17.5亿美元的财宝。黄金和证券继续不断地运到，据英国海军部的记录表明，在6、7、8三个月内，英国舰船（有几艘是加拿大和波兰船）运到

反映德国入侵的二战时的海报

世界军事未解之谜

加拿大和美国的黄金总值超过25.56亿美元。更令人惊讶的是，在那3个月期间共有134艘同盟国和中立国的船只在北大西洋上被击沉，而载运黄金的船只却全部安然无恙。

丘吉尔和他的内阁不仅仅把英国的超过70亿美元的一宗财宝，安全地转移到了加拿大，而且这样一个巨大的行动居然成功地保持了秘密，他们是这次赌博中的大赢家。先后大约有600多人参加了这次证券存放的秘密工作，黄金的运送则涉及大洋两岸的成千个海员和成百个码头工人。这样多的人能够把这样重大的一个机密保守得滴水不漏，这

也是不可想象的。

这次神奇的转移，是二战中保持得最出色的机密之一。作家A·斯顿普根据前加拿大银行的锡德尼·珀金斯回忆起的一些最初的情节寻找到线索，挖掘了许多长期不为人们所知晓的事实和数字。之后，普利策新闻奖获得者、美国记者利兰·斯托又在加拿大和伦敦搜集大量鲜为人知的情节，经过深入采访终于写成了题为《我所涉及的最令人振奋的故事之一》的报道。然而真实的情况究竟如何，也许谁都说不清楚，人们只能在作家、记者的笔下找回一幕幕想象中的历史真相。

IV 是谁烧了

诺曼底号？

    1941 年的深秋，法国巨轮"诺曼底"号静静地停泊在纽约港的 88 号码头，这个码头在哈得森河上，离繁华的 42 街不远。"诺曼底"号长达 1029 英尺，仅比英国的"伊丽莎白皇后"号短 2 英尺。1939 年 9 月 1 日，当它在公海上航行时，德国发动了对波兰的进攻，但它还是安全地驶进了纽约港。

    "诺曼底"号在港口停泊一天就要花掉船东 1000 美元，因此，船上只保留了极少数船员以保养马达等重要设备。没有人想到会有人对该船进行破坏或纵火。"诺曼底"号的设计师魏德米·亚克维奇甚至认为，该船是有史以来建造的船只里防火性能最好的一艘。

    在德国，希特勒的德军早就盯上了这只法国船。1940 年 6 月 3 日，法国向德国投降。在这之后的两周，德军反情报机构的头目卡拉瑞斯的间谍机构阿勃韦尔就向纳粹在美国的间谍发出了命令："严密注意诺曼底号！"希特勒和他的高级将领明白，美国一旦加入对德战争，这艘法国巨轮一次就能够

M 1935 年 5 月，"诺曼底"号完成了海上试航。

运输 12000 名美国海军士兵到欧洲参战。

纽约市沿海地区和新泽西的港口城市是纳粹分子活动的温床。在一间间凌乱肮脏的小客栈里，住着从世界各地来的海员，其中有许多纳粹间谍和纳粹同情者。这些地方中最臭名昭著的一家是新泽西"高速公路客栈"，另外两家是曼哈顿"老牛肉"酒吧和新泽西"施密德的吧"。"施密德的吧"里的一个侍者是德国间谍，他每次都伸长耳朵贪婪地听海员在喝多了酒后所泄露的海上消息。

1941 年 12 月 7 日，日本偷袭了珍珠港。4 天后，希特勒让德国议会不经表决就通过了对美国开战的宣言。他对他的副手叫嚣说："我们总要首先开战！我们要永远打响第一枪！"

就在同一天的晚些时候，希特勒的密友、意大利独裁者墨索里尼也对美国宣战。

就像希特勒和他的高级将领所担心的那样，美国海军立即征用了"诺曼底"号，并对它进行了改装。许多人都热烈支持将该舰改装成军用运输船，大约有 1500 名民工像蝗虫一样涌向该船进行改装工作。

改装任务非常紧迫，必须在 1942 年 2 月 28 日以前完成。完成后，该舰将在舰长罗伯特·考曼德的率领下，驶离纽约港去波士顿。在那儿，它将要装上 10000 名士兵和他们的武器装备去大西洋沿岸的某个地方——毫无疑问，它的目的地将是英国。

但是，2 月 9 日下午 2 时 34 分，"起

Ⅿ 被大火烧焦的"诺曼底"号船体斜躺在纽纽港哈得森河码头上，图为美国海军正在进行打捞工作。

世界军事未解之谜

火了"的喊声突然从船上响了起来。这时候，距"诺曼底"号远征欧洲只有 3 周的时间了。人们匆忙扑上船去灭火，但是，当天是一个大风天，火势很快就失去了控制，人们眼睁睁地看着火漫过了甲板，不到一个小时，整个船就变成了火的海洋。

火势不断蔓延，将近 3000 名民工、船员、海军士兵和海岸警卫队成员爬过"诺曼底"号的船舷，吊下绳子，顺绳子跳到码头上，有的干脆直接跳到踏板上逃生。纽约市的消防队员发誓说，这是他们见过的最猛烈的大火。

大约有 3 万纽约市民聚集到第 12 街观看这场大火。在他们中有一个头发花白个子矮小的老头，他就是"诺曼底"号的设计师魏德米·亚克维奇。他的脸上布满了愁容。因为他浓重的口音，警察没有让他通过警戒线到船边。实际上，就是魏德米·亚克维奇也对大火中自己的杰作无能为力。凌晨 2 时 32 分，"诺曼底"号终因灌水太多、倾斜过

度而翻了过去，就像一条搁浅的大鲸鱼，躺在哈得森湾的水面上。

在每一条船都显得非常重要的时候，美国失去了一条最大的船，并有1人死亡，250人受了擦伤、扭伤、摔伤以及眼睛和肺部的灼伤。

美国政府立即成立了几个调查组以查明这起备受公众关注的大事故，联邦调查局和福兰克·霍根律师盘问了100多位证人。与此同时，海军也成立了以退休海军少将莱姆·雷黑为首的调查组。两个月后，国会海事委员会成立的调查组发布结论说："起火的直接原因应归结于民工的疏忽和管理上的疏漏。"

然而，广大的美国人并不买政府的账。为什么一个如此巨大的海轮，在有大量防火设施的情况下，能够爆发大火，并在几小时内变成一堆焦炭？是不是有纳粹破坏分子渗透到船上，为了不可告人的目的，纵火烧毁了这条船？如果是这样的话，有1500名民工散布在船的每一个角落，为什么没有人发现有人纵火呢？或者是两个以上的纳粹或纳粹同情者共同完成了这项破坏性的工作？

"诺曼底"号的烧毁是否是纳粹所为，已经伴随着这场大火造成的重大损失成为一个巨大的谜团。

Ⓜ 1935年6月，"诺曼底号"创下了横渡大西洋的最快纪录，以29.7节的平均速度从南安普敦到达纽约。船上共有1070名乘客和1250名船员。"诺曼底号"上带装饰艺术风格的餐厅，有漂亮的灯柱。

谁摧毁了希特勒

的原子弹美梦?

1944年12月27日清晨10时45分,一声闷雷似的爆炸声忽然响起,声音来自挪威电力化工厂诺斯克氢化工厂。这一声爆炸背后蕴藏着第二次世界大战期间一个令人难以置信的故事。同它一同灰飞烟灭的是希特勒想占有第一颗原子弹的梦想。这个故事谱写了英军特种作战史上最辉煌、最动人的篇章。

◢ 醉心于战争的希特勒

原子弹计划遭到摧毁以后,狂热的希特勒会甘心失败吗?会不会另有安排呢?

破坏希特勒的重水储存

重水是用于取得铀235制作过程中控制原子核反应的理想减速剂。但当时盟国没有获得足够量的重水,且提炼重水需要一年半时间,只好用石墨作代用品。1940年4月,国际科学家之间流传着小道消息说,德国的凯瑟·威廉研究所正在进行一项广泛的企图分裂原子的试验。接着,正当美国的名为"曼哈顿计划"的研制原子弹的计划在1942年开始之时,从英国负责经济战的情报机构那传来了一个惊人的情报:德国人已经命令挪威的电力化工厂诺斯克氢化工厂,每年把重水的年产量从1360公斤增加到4500多公斤。

美国和英国最高当局一下子面临一个巨大的危机:这是否意味着德国可能先于盟国制造出原子弹呢?罗斯福和丘吉尔对此忧心忡忡。当时的英国外交大臣哈利法克斯勋爵不无忧虑地指出:"这意味着希特勒决意将恫吓付诸实施。"

于是,如何摧毁诺斯克氢化工厂和破坏它的重水储存,这成了英国战时内阁考虑的问题。英国空军参谋部报告,由于这个工厂四周为丛山所包围,使用现有飞机进行直接目标的轰炸是行不通的。这只能是突击队干的活。

英国特种兵出击

在第二次世界大战期间，英国非常重视特种作战的价值，着手培养了一支训练有素、具有深入敌后作战能力的部队，并成立了特种作战司令部，亦称特别行动署。它专门以爆破、淹没等特殊手段削弱德国的物质力量，因此，丘吉尔形象地称它为"非绅士风度作战部队"。这支部队令法西斯魁首希特勒坐卧不宁。

艾因纳尔·史吉纳兰德被英国特种部队总部派到伦敦。这个聪明、体格健壮的人是个滑雪能手和神枪手，这对于他将要从事的工作提供了重要条件。更为有利的是，他过去一直就住在诺斯克氢化工厂附近，他还有个兄弟和一些朋友在那里身居重要职位。

史吉纳兰德很快学会操作一台电力强大的短波收发报机，而且也学会了跳伞。不久他得到命令：立即潜回挪威，收集一切有关诺斯克氢化工厂的情报，并发回伦敦，在那里等待增援小组的到来。到达挪威后，他非常谨慎小心地把他的那些最信得过的朋友们组织起来，成为一个提供有关工厂各种信息的"联络网"。这些信息被立即发往伦敦的中央情报机构。因为有了史吉纳兰德准确的报告，"燕子"计划开始实施了。先是第一批的4名突击队员空降到工厂附近。11月9日，远在伦敦心急如焚的联合作战部军官终于听到他们等待已久的突击队员们发来的信号。他们在诺斯克氢化工厂附近已安排就绪，同史吉纳兰德已联系上，并且已用无线电和着陆信号作为标志，准备迎接滑翔部队送来的破坏小组。

11 月 19 日，两架轰炸机，每一架牵引着一架满载伞兵部队的滑翔飞机从英国起飞了。但是几小时之后，在挪威的一位特工人员用无线电发来报告说，轰炸机和牵引飞机坠毁，机上所有人员不是死亡就是被俘了。

实施炮手计划

在伦敦，陷于绝望的联合作战部只得一切从头开始。12 月下旬，另一项代号为"炮手行动"的计划准备付诸实施。一天晚上，6 名挪威特种部队成员跳伞降落在冰雪覆盖的斯克莱根湖面上，那里离突击队员隐藏的地方近 50 公里。

12 月 27 日上午，他们终于到达了山顶，沿着铁路匍匐向前爬行。距工厂 150 多米时，他们可以听见工厂机器的轰鸣声。大门里面却没有动静，几个人端着汤姆枪，迅速占据了有利地势，包围了住着 12 个德国卫兵的营房。由于他们工作出色，小组仅用了几分

钟的时间就找到了安装电缆线的隧道，它一直通向毗邻浓缩铀部门的一个房间。

正在那间房里值班的德国警卫见到两支手枪枪口对准着他，立刻安静地言听计从。乔基姆检视了储藏罐、管道和机器，并在会造成最大损坏的地方，用颤抖的手把炸药安装完毕。他时时担心的警报器会突然尖厉地嘶叫起来的情况并没有发生。他点燃了 30 秒钟引爆的导火线后，要卫兵和一位挪威人赶快跑开。刚跑到地下室近 20 米远的时候，一声爆炸巨响，在硕大的水泥墙后面声音显得低沉，但是却震撼着地面。

警铃之声大作，当酣睡的德国兵纷纷从房子里窜出来时，乔基姆和他的小组成员已经消失得无影无踪。他们只能眼看着极其珍贵的 450 多公斤重水从炸碎了的储存罐里涌流出来，流得满地乱泄，顺着工厂的污水沟流走了。

随后，德国的司令官冯·法尔根霍斯脱

M 德"虎"式坦克
是当时威力最大的坦克之一，广泛应用于苏、德、北非和西欧战场。

中子

中子迫使铀原子分裂 ━━▶ 释放能量

不稳定的铀235

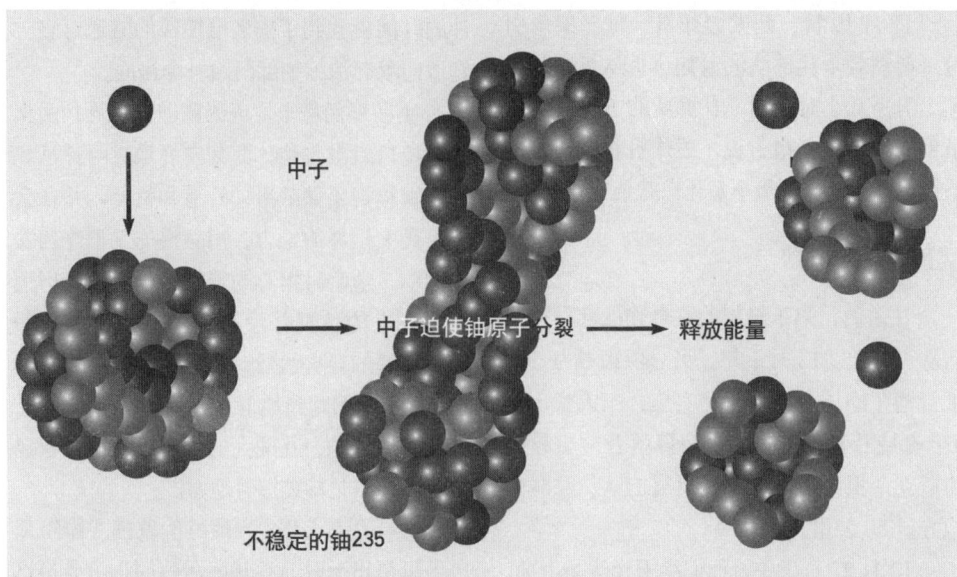

Ⓜ 一个铀原子的分离示意图

将军气急败坏地走进弗马赫，视察着工厂被破坏的情况。他边看边骂："这是我所见到过的他妈的最厉害的袭击。"接着，几乎一个德国国防军的师，德军滑雪巡逻队和低空侦察机 1.2 万人开进了这个地区，搜寻了全部山头、大路和小道，但是突击队员一个也没被抓到。

经过了难以想象的艰难路程，6 个特种部队队员都安全地撤离了危险之地，有的飞回了伦敦，有的则留下来继续进行其他的地下工作。然而，希特勒的原子弹美梦就这么破灭了，甚至连是谁坏了他的好事都不知道，这的确是英军特种兵史上非常出色的演出。

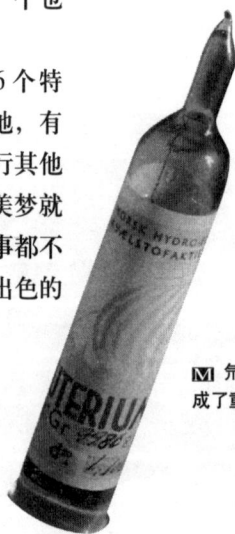

Ⓜ 氘和氧发生作用后就形成了重水

"东方马其诺防线"
为何土崩瓦解?

　　乌苏里江边的虎头枢纽据点是日本关东军精心设计并驱使一万多名中国劳工耗时6年修筑的坚固要塞,号称"东方马其诺防线"。

　　1945年8月8日22时50分,苏联向日本宣战。8月9日0时,苏地面部队在对日作战最高司令官华西列夫斯基的指挥下从3个方向向关东军展开了猛烈进攻,同时空军对中国东北的主要城市和日军的主要防御设施实施了大规模的空袭,空降部队则在长春、沈阳等城市实施机降,像一把尖刀插向了日军的腹部。日本关东军被分割成数块,南北不能相顾。

　　在随后的战斗中,日本关东军大多一战即溃,但在一些局部战斗中,日军仍负隅顽抗,其中尤以虎头要塞之战最为激烈。当时有1900余名日军在此坚守。苏军久攻不下,便改换战术,先用训练有素的哥萨克狙击手封锁日军的火力点,在控制了要塞的洞口和通气孔后,将汽油灌入地下工事,用燃烧弹点着,使不少日军被烧死或窒息而死。苏军还将自动火炮开到要塞的坑道口边,近距离用火炮直接轰击。最后,虎头日本守军除约70人逃跑外,其余全部被击毙。

　　战前苏军统帅部估计,结束对日作战短则两三个月,长则需要半年以上。因为,日本关东军虽然在兵力和武器装备上较之苏军处于下风,但他们毕竟有近百万之众,在中国东北已经营14年,熟悉当

世界军事未解之谜

Ⓜ 1945年8月9日,毛泽东发表《对日寇的最后一战》的声明。8月10至11日,朱德总司令发表受降及对日展开全面反击等七道命令。图为1945年毛泽东和朱德在延安。

地的地形、民情，还建造了大量坚固的防御工事。可事实上交战仅13天关东军就土崩瓦解，1945年8月22日，在长春关东军演习场，关东军山田乙三司令官率97名将领向苏军投降，个中缘由发人深思。

其实就在1945年4月德国宣布投降后不久，苏联便开始着手对日作战的准备。为了达到突袭成功的目的，苏联军方可算是煞费了一番苦心。由于苏联在远东的铁路线距离边境只有2～4公里，苏军在运输过程中实施了周密的伪装，在靠近边境地区，白天只少量增加运输车次，夜晚进行"饱和"运输；为了不让日军发现战略意图，苏军部队到达集结地域后，严格保持无线电静默，并控制人员的户外活动，一切的准备工作都在秘密

的进行之中。

但是，如果把所有的成功都归结于苏军的保密措施，隐蔽作战企图，似乎并不能彻底解释在关东驻扎了14年的日本军队溃败的原因。的确有军事研究人员曾对此提出过质疑：关东军怎么可能对其3个多月的大规模兵力调动毫无察觉？

根据新近公开的日本军方秘密档案显示：造成日军疏忽的主要原因是，日军在战略判断上出现了失误。日军一直将美军视为盟军对日作战的主力，特别是美国投下原子弹后，日军将美军可能对日本本土的登陆行动作为防御的重点。对于苏军是否会攻击日本，虽然也考虑过，但最终认定苏联没有把

Ⅿ 1945年9月2日，日本在东京湾美国军舰"密苏里"号上签署投降协议，日本外相重光葵和总参谋长梅井义辉，在美军总司令麦克阿瑟将军面前签署了投降书。

握在两个月（8～10月）之内击败关东军，因为10月份以后中国东北就要进入冬季，他们是不会选择在天寒地冻的环境下对日作战，所以即使苏联红军发动全面进攻也应该是在来年春季以后。基于以上的判断，日军非但没有对苏军的秘密部署有所察觉，没有任何准备，就在苏军利用雨夜发动全面进攻的时候，关东军司令官山田乙三甚至还在丹东找歌舞伎寻欢作乐。

人们不妨假设一下，如果日军能够对苏军行动提前有所判断的话，恐怕苏军很难在半个月之内就击溃关东军。未来高技术战争具有突发性、节奏快、初战就是决战的特点，这对战略判断提出了更高的要求。指挥员在作出判断时，应将科学的定性分析方法和定量分析方法有机结合，充分运用信息技术手段，对战略形势、敌我力量对比、敌军可能的行动等诸多因素进行由此及彼、由表及里的动态分析，从而为正确决策奠定坚实的基础。

对于"东方马其诺防线"的失陷，还可以听到这样的一些声音：在苏联军队的大举进攻下，日军只在个别防御地段作过一些顽抗，而且只是处于一种被动挨打的消极防御水平，根本没有主动的反击，这才是他们失败的必然原因。

然而事实是不是这样呢？据曾经参加过这场战争的日本退伍老兵回忆，当时日本关东军在东北全境层层布防，并在一些险要地段精心构筑坚固防御堡垒，形成数道防线，希望以分兵把口、分层狙击的战术手段抵抗苏军的进攻。但是，当时苏军来势汹汹，以机械化部队进行快速的大纵深作战。"他们先是在日本关东军的薄弱防御地段打开缺口，然后立即扩大突破口，高速向纵深推进，再以空降部队的纵深机降，使日军的防御体系彻底瓦解。"

就此观点，克劳塞维茨也曾指出："纯粹的防守同战争的概念是完全矛盾的，在战争中防守只能是相对的。"

无论是因为战略上的判断失误，还是因为没有处理好进攻和防守的关系，"东方马其诺防线"的失陷依然成为日本法西斯军队彻底失败的标志性战役，这一战役留给人们的也不仅仅是战斗本身，究竟日军的失败是必然还是偶然都将由后人来评说。

世界军事未解之谜

155

图书在版编目（CIP）数据

世界军事未解之谜/张立洁，姚晓华编著.—2版.—北京：光明日报出版社，2004.10（2025.1重印）（图文未解之谜系列丛书）

ISBN 978-7-80145-946-6

Ⅰ.世… Ⅱ.①张…②姚… Ⅲ.军事史—世界—普及读物 Ⅳ.E19—49

中国国家版本馆 CIP 数据核字 (2004) 第 141412 号

世界军事未解之谜

SHIJIE JUNSHI WEIJIE ZHI MI

编　著：张立洁　姚晓华

责任编辑：李　娟　　　　　　　　　　责任校对：徐为正

封面设计：玥婷设计　　　　　　　　　封面印制：曹　净

出版发行：光明日报出版社

地　　址：北京市西城区永安路 106 号，100050

电　　话：010-63169890（咨询），010-63131930（邮购）

传　　真：010-63131930

网　　址：http://book.gmw.cn

E－mail：gmrbcbs@gmw.cn

法律顾问：北京市兰台律师事务所龚柳方律师

印　　刷：三河市嵩川印刷有限公司

装　　订：三河市嵩川印刷有限公司

本书如有破损、缺页、装订错误，请与本社联系调换，电话：010-63131930

开　　本：170mm×240mm

字　　数：125 千字　　　　　　　　　印　张：10

版　　次：2010 年 1 月第 2 版　　　　印　次：2025 年 1 月第 3 次印刷

书　　号：ISBN 978-7-80145-946-6

定　　价：27.80 元